图解服务的细节

081

アマゾンと物流大戦争

与零售巨头
亚马逊共生

〔日〕角井亮一 著

张永亮 陶小军 译

人民东方出版传媒
People's Oriental Publishing & Media

东方出版社
The Oriental Press

目 录
CONTENTS

序　章

——

亚马逊改变的世界

经济已开始地动山摇

不可能与亚马逊无关

就算我说亚马逊正在改变世界的规则，恐怕也没有人觉得惊讶吧。亚马逊已经不知不觉又稳健地从一家单一的网购企业变身为巨大的全球性企业。

近年来，亚马逊的实际发展情况正在逐渐变得明朗。美国资深记者布拉德·斯通（Brad Stone）对亚马逊创始人杰夫·贝佐斯（Jeff Bezos）及相关人士进行过长期而深入的采访，并写下了《一网打尽：贝佐斯与亚马逊时代》[①] 一书。该书揭开了亚马逊的神秘面纱，不仅在美国，在日本也成为大家谈论的话题。《经济周刊志》甚至做了一期亚马逊特辑，虽然只介绍了个别侧面，但亚马逊的商业模式逐渐为人所知。

但是，很多商业人士要么认为亚马逊和自己公司的业务没有关系，要么不知道亚马逊的哪些方面对自己公司有影响。有人认为"亚马逊是一家网购企业"，也有人觉得"它是善用科技的基础建设型企业"。由于亚马逊的行事保密，大多数人只对它

---

① 中文版由中信出版社出版，2014 年，英文名为 *The Everything Store：Jeff Bezos and the Age of Amazon*，日文名为《ジェフ・ベゾス　果てなき野望——アマゾンを創った無敵の奇才経営者》（日経 BP 社，2014 年）

有模糊的印象，觉得它是一家"非常了不得的互联网企业"。

我写这本书最大的目的就是让大家明白，亚马逊容易被很多商业人士忽略，认为与自己没有关系，但实际上它具有强大的吸引力，任何人都无法忽视它对各行各业的改变。特别是在日本，亚马逊改变的世界与每个人都息息相关。

人们为什么对亚马逊的飞速发展充满危机感？因为它在本质上是一家"物流公司"。正如贝佐斯在公开谈话中所述，物流才是他们最大的优势。

为什么亚马逊令人感到是个威胁？

"物流（Logistics）"是什么意思？这个词原义为"后勤"，指军事装备的调度和补给、人员与物资的输送等军事业务上的后方支援活动。在商业领域表示企业的物流合理化手段。例如，通过预估需求来管理货物的流向和库存，并顺畅且低成本地运送货物等，即追求物流上的最佳化。

物流由唯一的平台（Platform）来掌握是一件非常可怕的事，很多人难以理解我这句话的含义。我是物流顾问，也是物流专业人士，经营着日本首屈一指的网购物流代理公司。如人物简介中所述，我也写过很多与物流相关的书籍。正因为我是专业人士，所以对于亚马逊正在改变世界且无法逆转的情形非常清楚。

在众多商业活动中为什么不能忽视亚马逊的物流呢？我接下来将在本书中论述，在这里先说一下结论。

第一，因为物流进入市场的门槛非常高。成熟的物流市场并非一朝一夕建成。因此，一旦形成坚固的物流网，就无法从外部效仿，重建能与之抗衡的新物流，则需要相当长的时间。

举例来说，这就像智能手机的硬件与"操作系统（OS：Operating System）"之间的关系。

智能手机并非只是装有"iOS"操作系统的美国苹果（iPhone）公司在生产，日本、中国台湾和中国大陆等地的制造商也在生产。但是，如果没有谷歌的智能手机操作系统"安卓（Android）"，恐怕就没有制造商能与苹果公司成熟的操作系统匹敌吧。安卓系统之所以能与之一决胜负，主要取决于它采取了开放战略，各家智能手机制造商能够自由使用安卓系统制造智能手机。

物流包括软件、基础建设和人

然而在物流领域，事情并没有这么简单。即使建造了拥有最先进设备的物流中心，也不可能立刻发挥作用，就像操作系统没有成熟的智能手机一样。一般人可能不知道，在互联网问世后，物流中心不仅需要优秀的操作系统，还比以前更需要具备管理和运行物流中心所需的成熟软件。

例如，假设顾客在亚马逊买了图书、瓶装饮料和陶瓷餐盘。这些物品要怎么从仓库里拣选（Picking）？需要装进多大尺寸的硬纸箱里？如何包装才不损坏？在网购问世之前，几乎不存在什么技术能有效且快速地包装这些尺寸、重量和材质各异的物品。历经 20 年的漫长岁月，亚马逊都在一一积累着相应的技术。亚马逊拥有一套算法软件，可以根据顾客的订单计算出要用多大尺寸的包装箱。

在过去，如下情况比比皆是：建设物流中心需要投入大量资金，运行成本增加，没有资金来积累技术，计划因此而停顿。物流不可能在短时间内被复制。为什么？因为物流要处理的商品本身数量多达数十万，甚至数百万，大小各异，材质也不同。有像陶瓷这类的易碎品，也有像食品之类有保质期的商品。并且，集中到物流中心的商品经常被更换，就像电脑里安装的软件定期必须进行版本升级一样。

另外，物流网并不是一夜之间就能建立起来的。到 2012 年为止，亚马逊在完善物流设施方面的投资已达到 1.4 兆日元，而建立一套有长期构想的物流网，需要长年累月的累积，可以说它是一种正经八百的基础建设。

而且，运行物流中心的最终是人。目前商品拣选、仔细包装和发货的工作，虽然有一部分已经机械化，但主要还是人来承担。要记住这些工作的内容，当然需要时间。而且，人员也会经常更换，所以要想让每天的工作更有效率，需要反复进行切实的改进，并传承其中涉及的技术。在我经营的公司，每年提出的改进方案有 3000 个之多，正因为如此，才能维持和提高竞争优势。总之，物流中心的运行模式并不能简单地复制。

低价带来的良性循环

为什么亚马逊的物流是个威胁？第二个理由是，物流本来是一种趋于合理化、降低成本的手段，因此它成为亚马逊越来越锋利的武器。

后面会有叙述，在此暂且省略详情。亚马逊使用一切方法提高了物流的效率，降低了运行成本。

请看图 1，一方面，亚马逊的营业额在朝着右上方惊人地爬升，发展顺利；另一方面，营业利润明显控制在一个较低的水平。为什么？因为亚马逊把全部利润投资到了建设新物流中心等事项上，为顾客提供了十分方便的配送服务，并通过降低商品价格回馈顾客。

购物网站比实体店更容易比较价格，价格比其他网站更优惠是吸引顾客的最大武器。首先要在物流上实现便利性和

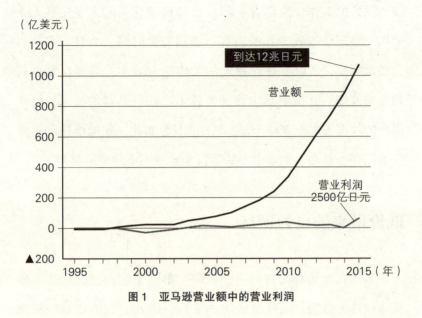

（亿美元）

到达12兆日元

营业额

营业利润
2500亿日元

图1　亚马逊营业额中的营业利润

　　低成本化，价格越低，顾客数量就越多，营业额也会相应增加，进一步通过提高物流中心的运营率（Operating Ratio）来提高效率。这是非常良性的循环，其结果正如上面的营业额图表所示。

　　在互联网问世之前，构建"物流→降低成本→降低价格"的良性循环，成为世界第一零售企业的是沃尔玛（美国）公司，它目前仍然是世界最大的连锁超市。我是在美国的商学院取得的 MBA（Master of Business Administration：工商管理硕士）学位，其间进行过一次案例研究，即沃尔玛的"EDLP（Everyday Low Price：每日低价）"策略。如今，作为"低价"始祖的沃尔玛，正在美国与网络新星亚马逊上演一场无情对决。我将在第 2 章详细介绍这一点。

亚马逊卖和尚？

目前受到亚马逊威胁的不仅是书店和出版社。标榜世界第一网络书店的亚马逊从 1995 年开始营运，进入 21 世纪后，陆续开发了新的商品种类，并通过网络连接了制造商和消费者，成功发展成一家面向世界销售所有商品的"万货商店（The Everything Store）"。

谁都没想到，居然连寺庙里的和尚也开始受到亚马逊的威胁。亚马逊（日本）在 2015 年 12 月开售的"和尚配送"服务，引起了轰动（提供服务的是 Minrebi 股份有限公司）。这是一项替法事法会安排和尚的服务。基本费用是 35000 日元（截至 2016 年 8 月），需要上门服务或到墓地去时，则为 45000 日元。外加 20000 日元的话，还能给死者取戒名。广告上还有"不另加费用""不要车马费、餐费和赏钱等"之类的强调价格透明的宣传词。

但很快就出现了反对的声音。全日本佛教会发表了"反对把宗教行为当作服务商品""反对明码标价布施行为"的意见，批判了亚马逊。不仅日本国内的媒体，甚至美国联合通讯社

（简称美联社，英文：The Associated Press，缩写为 AP）等海外媒体也报道了此事，一时间颇受关注。

但是，顾客的声音却有所不同。检索关键字"和尚配送"，看一下亚马逊的销售网页就会发现，在收集顾客感想的评论栏里表示赞成的声音明显占了多数，比如"价格透明很好""是现在这个时代需要的服务"等。很多人都表明支持亚马逊。结果，这种"和尚配送"的服务不知不觉成为既成事实，也成为固定销售的项目，现在仍在销售。

变成什么都卖的"万货商店"

实际上，光看"和尚配送"这一项服务，也能明白亚马逊的策略到底有多强大。

亚马逊为了彻底贯彻"顾客中心主义"，并不优先考虑商品的供应方，而是一直以购买方为先。但是，他们并不直接去招揽顾客，而是一直保持一种为顾客考虑的立场——主张以高度透明和比以前更低的价格为顾客提供服务。

这种"顾客中心主义"很受亚马逊顾客的青睐。顾客购买的各种商品既便宜，又能准确快速地送达。对于"顾客就是上帝"的零售业和流通业来说，没有比"比其他店更便宜"这一点更能让消费者开心的了。

另一方面，对于在日本从事商业活动的所有人来说，亚马逊不仅让人感到担心，也让人感到了威胁。

亚马逊甚至开始提供新车、二手车的汽车销售服务。这不是开玩笑，是真事。大家很难想到，居然有人会在网上购买价格数十万，甚至数百万日元的汽车。

亚马逊在 2016 年 7 月举办的促销活动中，限量销售了 1 辆日产"GT-R"2017 款汽车（裸车价格：含税 11705040 日元），并顺利找到了买家，网页变更为"库存售罄"。这件事引起了轰动，表明花费 1000 多万日元网购商品的时代，已经到来。

亚马逊让人感受到威胁，这是本书要讲的重点，所以我要再说明一下它的第二个理由。亚马逊通过高超的物流服务来降低成本，把其中大部分利润投资在自家物流网的建设上，同时为了服务顾客，还用这部分利润充当提供更低价格商品所需的资本金。这样一来，顾客数量和营业额就会增加，物流也会跟着进一步提高效率，降低成本，亚马逊接着再用更低的价格提供商品，增加销售商品的种类，顾客数量就会再次增加……这个循环往复的过程正是亚马逊的良性循环，同时也是它最强大的武器。这个良性循环会飞速提高亚马逊的营业额，销售商品的种类也会不断增加，这一点正是让相关行业的所有企业倍感威胁的地方。

"亚马逊一家独大"的时代要来了？

结果会怎么样？不用看美国沃尔玛的案例也会知道，对零售业和流通业来说，销售能力就是控制价格的能力，这会迫使制造商下调价格，让把商品提供给亚马逊的所有企业备受煎熬。

现阶段所有商品并不只是在网上销售，还在实体店销售。亚马逊仅是商品的销路之一，它对提高商品的销量有很大帮助，因此亚马逊与制造商之间保持着"双赢"（Win-Win：双方都能有好处）的关系。

但是，这样的关系能持续到什么时候？事实上，在日本商品销售领域的电商（Electronic Commerce：电子商务）化比率，与其他国家相比非常低，2015 年度仅有 4.75%（引自 2015 年度"日本经济社会信息化、服务化基础设施建设"经济产业省资料）。首先发展起来的英国为 12.4%，美国为 7.0%（美国国势调查局的调查），相比之下，日本的水平非常低。换句话说，日本电商今后还有很大的发展空间。

环视世界网购物流领域，可以说亚马逊"一家独大"，无出其右者。如果以先前提到的智能手机为例来说明，亚马逊就像市场上只存在苹果的 iPhone 一样。

例如，目前在智能手机的 APP 市场中，苹果的抽成费率维持在 30%，等同于谷歌的抽成。或者可以说是因为这两家公司存在竞争关系，因此费率维持着某种平衡。但是，如果不存在谷歌这个竞争对手，将会怎样呢？苹果就会垄断市场，即使苹果把抽成提高到 40%、50%，APP 的供应商也不敢有怨言吧。亚马逊一家独大的物流，可以说就像少了安卓系统这个竞争对手的 iPhone 一样。

最早受到亚马逊严重影响的是美国的书店和出版社。亚马逊的初衷是成为世界最大的网络书店，于是从图书的销售开始发力，因此出版业最早受到了撼动。一个著名的案例是美国第二大连锁书店博德斯集团（Borders Group），于 2011 年因经营不善倒闭。号称美国最大连锁书店的邦诺（Barnes & Noble）也同样苦于业绩下滑。在日本，亚马逊成为物流界的巨头后，或许不久就会打破与提供商品的各家制造商之间保持的平衡。

将利润置之度外的先进性

2013 年发布的 Drone（小型无人机）商品配送实验，震惊了世界。当时谁都没有想过，将这项刚问世不久的 Drone 科技应用在配送商品上。

亚马逊将 Drone 配送服务命名为"Prime Air"，目前已稳步迈入实用化的阶段。2016 年，亚马逊在日本也计划过使用 Drone

在顾客下单后 30 分钟内完成配送的服务。他们决定将未满 2.2 千克的货物配送到 16 千米以外的地方。

为什么要用 Drone 来配送？不只在日本，全世界每一个国家都有邮政服务，也都有送货员，没有必要从一开始就刻意在还未成熟的 Drone 这项新科技上下功夫，可以等时机成熟后再使用它。但是亚马逊为什么要执着于这项新科技呢？

2015 年 11 月，亚马逊发布了下单后最快 1 小时内将商品送达的 "Prime Now" 服务，再度让很多日本商业人士胆战心惊。商品种类包括鸡蛋、牛奶和酸奶等生鲜食品，总计将近 2 万种。只要在智能手机上下载专用 APP，就能立刻使用。最先由以东京 8 区为配送范围的世田谷物流中心（尾山台）推出的这项服务，接着，在大阪府大阪市淀川区、神奈川县横滨市神奈川区，也设置了 "Prime Now" 服务专用的小型物流中心。

最快 1 小时的配送服务很惊人，因为日本曾有这类服务的先例，对顾客来说也是一项很便利的服务，因此物流专业人士也能够预想到，亚马逊迟早会推出这样的服务。但是，光是为了实现快速配送这一项，亚马逊就需要另外设置新的物流中心，挨家挨户配送的成本也会变高，想必总成本相当高。

如果使用 Prime Air 服务的人数太少，物流中心的运营率就会降低。空房多的酒店如果不能提高运营率，固定费用就会增加，形成负债。同理，如果物流中心在经营上把很多资金压在

照片1 亚马逊的 Drone 配送服务"Prime Air"

固定费用上，而使用 Prime Air 的人数没有增加，当然也会出现赤字。亚马逊为什么另外设置新的物流中心，承担如此大的风险，来追求快速配送的目标呢？

面对亚马逊使用先进科技提供不划算的服务，很多商业人士难道没有一丝不安吗？

对亚马逊渐浓的忧虑

我反复说过，物流不像数据那样能被瞬间模仿。进一步说，物流就是网络，一旦建立起来，它对竞争企业来说，就会成为非常高的进入门槛。

曾经有人说："物流是支撑经济的大动脉。"在不知不觉中，作为运送物品基础的网络，已由亚马逊这个全球性大型企业逐步建立起来。亚马逊在不久的将来会在经济上引起地壳变动般的震撼。它在美国已经开始大显身手，日本自然也不例外。等为众人所知后再来研究对策，为时已晚。正因为如此，我真心希望拥有这本书的读者好好掌握相关知识。

我们真的和亚马逊无关吗？亚马逊思考的"万货商店"并非空谈。亚马逊正在虎视眈眈地等待时机，它不仅关注着零售业和流通业，还关注着物流业，甚至包括快递业在内，它想销售有形的，并需要以物品形态送到顾客手上的一切物品。

对于亚马逊提供的下单后 1 小时送达的"Prime Now"服务，法国巴黎很早就表示过忧虑。针对 2016 年 6 月巴黎市内出现的 Prime Now，巴黎市长安娜·伊达尔戈（Anne Hidalgo）很快就发表了意见："零售店很可能因此被迫关门，对 Prime Now 将采取强硬立场。"这似乎也与当地零售店会面对商业管制和税金缴纳，亚马逊却不受到这些约束有关。

法国以前也发生过类似的情况。2013 年，法国政府曾以保护法国国内书店为由，通过法案，禁止图书打折和免运费销售，但亚马逊通过将图书运费订为 0.01 欧元（等于 1 欧分，约相当于 1.13 日元）的方式表示抗议。从这次事件中，也能看出法国政府对亚马逊抱有较高的危机感。

本书的结构

日本、法国在制度和商业习惯上完全不同，不能进行简单的比较。然而，我认为很多日本人对亚马逊带来的不安仍然冷漠以对，没有摸索出避免这些影响的具体方法，而是下意识地选择逃避。这样下去，总有一天真的会难逃亚马逊的强大磁场，出现没有亚马逊就做不成生意的局面。

我认为，造成这种现状的原因，在于日本人对物流的理解不足。

在本书中，我想以自己从 1996 年在船井综合研究所开始的网购研讨会演讲，还有作为物流风投企业 e-LogiT 经营者从 2000 年投身于物流业的经验为基础，并以目前仍代理超过 230 家公司网购物流业务的专业人士的身份，来分享我所知道的一切物流知识。我还想解释一下亚马逊的战略、美国的最新状况，以及抗衡亚马逊的策略等。

最后，我简单说明一下本书的结构：

第 1 章通过说明网购是如何快速发展起来的，来解读物流究竟是什么，以及物流的架构。还会以具体的事例来介绍要想了解当前的物流，至少要明白哪些关键词。在本章的后半部分陈述快递公司和运输公司目前的处境，并说明网购公司面临的转机。

第 2 章介绍本书的主题——亚马逊。我将详细介绍目前仍拥有世界第一营业额的零售企业美国沃尔玛，和在网购领域建立起无人企及、绝对第一地位的亚马逊之间，相互跨足购物网站和实体店，上演的一场无情对决。我还想通过精讲美国物流的最新状况，让大家更加深入地了解亚马逊的物流战略。

第 3 章将思考不同于亚马逊的差异化策略。我想介绍日本具有代表性的竞争对手，解说在流通业发达的美国的最新商业动态，同时提出三个具体策略，并得出我个人的结论。

为了有别于晦涩难懂的物流专业图书（虽然我也写过几本），便于一般商业人士理解，在所有章节中，我将尽可能放入一些具体事例，最大限度地减少物流专业术语。另外，为了让大家能够理解物流的意义，某些本来作为市场营销等流通战略而讨论的部分，我会直接以物流的观点来解读，望大家见谅。

如今，亚马逊的出现，使物流相关的环境发生了巨大变化，这将会给所有商业活动带来影响。可以说，今后定会迎来"能掌控物流就能掌控市场"的时代。如果本书能成为大家了解物流相关现状、认清亚马逊乃至各个公司最新事例和战略的契机，并为今后的商业活动和经济前景提供一点帮助，我将倍感荣幸。

第 1 章

物流的转折点

——网购与快递的突变

亚马逊为什么从书店做起？

亚马逊在开始网购业务时，为什么要选择卖书？参考在序章中提到的布拉德·斯通的《一网打尽：贝佐斯与亚马逊时代》一书，从创始人杰夫·贝佐斯的发言来解读其原因，可以归结为如下两点：

第一，书是个体间没有差异的商品。不论到哪一家书店，都能买到完全相同的书。与其他商品相比，很少产生残次品，就算有库存，也不会有保质期的问题。顾客不用担心商品的质量，可以放心购买。

第二，书有 300 余万种之多（当时），网店与实体店不同，没有书架方面的限制，能提供超过大型书店的书目种类。贝佐斯想，像图书这样商品种类繁多的领域，要想让顾客满意，可以创建一个只在线上交易的网络书店。

1995 年 7 月，亚马逊在网上卖出了第一本书，当时是贝佐斯从西雅图的车库里发的货。初期阶段车库里仅有 2000 件商品，几乎所有商品都是在收到顾客订单后，立即向批发商（在日本叫"取次业者"）或出版社下单。图书在送达物流中心后再配送给顾客。其后，随着订单量的增加，亚马逊通过股票上市等方法来筹措资金，建立了自己筹建的物流中心，确保了图书的库存，逐步实现了堪称竞争利器的快速配送服务。

网络书店的新意

从之后的飞速发展来看，可以说亚马逊从书店做起，是正确的选择。从物流的角度来看，图书在形状与大小上并没有太大的差异，保管比较容易。虽然种类繁多、拣货耗时、难度大，但只要不拣错货就行，而且包装后很少出现破损的情况。可以说在开始网购业务时，从卖书做起是通往成功的捷径。

那么，在互联网问世之前，为什么没有图书的邮购呢？邮购原本是通过电视、广播和产品目录（Catalog）等媒介进行的。假设通过电视、广播和产品目录等媒介来卖书，真的能卖300余万种图书吗？当然是不可能的。充其量每个媒介只能选择几十种图书来推销。因为电视和广播有时间上的限制，产品目录上能刊载的页数也有限。但是，互联网能无限扩大商品的架位。在邮购领域中，只有等到互联网面世以后，才有可能真正出现"邮购书店"这一概念。

有个词叫"长尾理论"（Long Tail）。应该有很多人至少见过图2这样的图表。即使是在一般实体店每年只能卖出去几本的书，也可以在网络书店上架。因此，将畅销商品由左至右按序

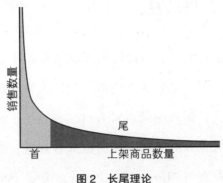

图 2　长尾理论

排列时，右侧销量少的商品就像恐龙的长尾巴（Long Tail）一样延伸下去，"长尾理论"由此而得名。左侧出现的高峰，则被当作恐龙的头（Head）。

　　提倡这个概念的是美国杂志《连线》（*WIRED*）的总编辑克里斯·安德森（Chris Anderson），著有《长尾理论》①。在日本，"长尾理论"则是通过梅田望夫在《网络巨变元年》② 一书中的介绍而广为人知的。

---

　　① 最新中文版由中信出版社出版，2015 年，英文名为 *The Long Tail*，日文名为《ロングテール——「売れない商品」を宝の山に変える新戦略》（早川书房，2006 年）。

　　② 日文名为《ウェブ進化論——本当の大変化はこれから始まる》（筑摩，2006 年）。

"长尾理论"的背后

实体店的面积有限，只能陈列畅销商品。不过，互联网没有架位的限制，可以上架所有商品，所以购物网站在这一点上优于实体店。在长尾理论流行时有过这种说法。那么，所有购物网站都能无限陈列商品吗？事实也并非如此。根据问卷调查公司 360pi 的调查（"How Many Products Dose Amazon Actually Carry?"，2016），美国亚马逊的商品总数有 1220 万件之多，数量庞大，几乎没有其他购物网站拥有相同规模的商品种类。当然，只陈列出商品，并不代表就形成了交易。

在实体店，顾客挑选商品后，拿到收银台结账，再带回家，交易才算完成。但是，在网购中，销售商品的一方必须将顾客挑选的商品从仓库中取出，小心包装，并快递到顾客家才算完成交易。是谁从 1220 万件商品中拣货，将大小和材质各异的商品包装后再配送的呢？当然是亚马逊等各类网购公司。

从 2000 年购物网站草创期开始，我就在经营物流风投企业，承办网购公司的物流外包业务（Outsourcing：对外委托），所以见过很多只从表面上来理解"长尾理论"这个概念、最终导致失败的案例。当时有很多这样的案例：干劲十足地说声"今后将是网购的时代"，然后备齐很多商品，创建了购物网站，却因为拣货和包装的效率完全没有提高，未发送的订单数量持续堆积，导致延误配送，配送时还陆续出现商品的破损问题，导致公司声誉下降。

"网购等于没有实体店，所以便宜"是谎言

邮购本来就有"单品邮购"和"综合邮购"的分法。单品邮购的形式，是在电视和广播等被设定的空间内销售某个商品。想一想白天常常在电视广告中出现的化妆品和保健品，就会很容易明白这一点吧。而综合邮购的形式，是像 Nissen、千趣会、Dinos、CATALOG HOUSE 之类的产品目录邮购公司那样，销售各种各样的商品。

单品邮购和综合邮购的物流形态完全不同。单品邮购的商品种类限制在 10~200 种，综合邮购则扩大到 1000~10000 种，所以后者更需要高端的物流技术。由于经营不善而并入 Seven&i 公司旗下的 Nissen，拥有自己筹建的大型物流中心。虽然有这样的设施，但产品目录邮购苦于订单减少，所以其物流中心的折旧费和营运费负担加大，对经营造成了压力。

人们常说，"网购没有实体店，所以能卖得便宜"。但从物流的角度来看，我对这种说法存在疑问。像亚马逊这样以什么都卖的"万货商店"为目标的购物网站，因为销售的商品比产

品目录邮购公司种类更多，可谓是"超"综合邮购。我将在下一章解释为什么亚马逊提供的商品更便宜，但简单来说，他们投巨资建造物流中心，使用高超的 IT 技术管控库存、提高拣货效率、合理化包装作业等，不断努力将物流成本降到最低，正因为如此，才能提供便宜的商品。

即将壮大的网购业

由于价格便宜和随时都能购买的便利性，使用网购的人年年都在增加。根据日本消费者厅的调查（2013 年度消费者意识基础调查），这一年使用网购的人数达到日本总人口的43.9%。而使用包括传单和推销邮件等在内的产品目录邮购的人数为 37.3%，电视购物为 12.7%，与后两种方式相比，可以看出互联网这种媒介非常适合邮购。

日本经济产业省发表的调查结果"2015 年度与日本经济社会信息化、服务化相关的基础设施建设（与电子商务相关的市场调查）"显示，2015 年日本电商（电子商务）市场约为 13.8 兆日元，与前一年相比，增长了 7.6%。电商市场规模从 2010 年的约 7.8 兆日元，经过约 6 年的时间，扩大为原来的近两倍。

电商在零售业和服务业的占比（电商化比率）为 4.75%，

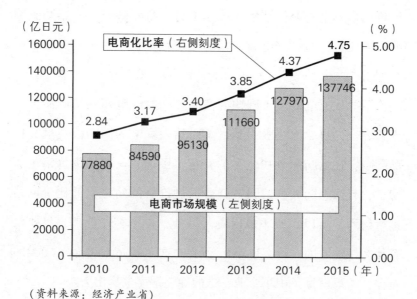

（资料来源：经济产业省）

图 3 日本 B2C 电商市场规模的变化

比前一年上升 0.38 个百分点，并呈现出持续增长的趋势。我在序章中也曾介绍过，电商首先发展起来的英国为 12.4%，美国为 7%，相比之下，日本的电商市场占比依然很低，还有很大的发展空间。

网购家电为什么更便宜？

形成"网购实惠"这一印象的代表商品，应该是电脑、电视和相机等家电产品。通过"价格网站（kakaku.com）"之类的比价网站与家电廉价销售实体店进行比价，就能实际感受到网购有多便宜。网购家电为什么会更便宜？我认为可能有以下两个理由：

第一，家电是便于网购的商品。一般的电商网站商品种类不够齐全，自然无法吸引到顾客。然而家电的网购公司就算把商品限定在电脑和电视之类的特定范围内，只要销售价格足够便宜，有强烈购买欲的顾客就会通过价格网站之类的比价网站进行访问，所以销路不成问题。另外，在顾客评价上，只要没有什么特殊原因，顾客也不会给予"这个网站不可靠"之类的差评，所以就算是中小企业，也的确能把家电卖出去。

第二，很少有顾客一下子下单多个家电，所以只需要具备单品邮购的物流技术就够了。例如，很少有顾客同时购买冰箱和相机，最多会再买一些相关设备或配件。并且，家电在制造商交货时，就已经用硬纸箱仔细包装好了，在配送上不太费时费力。顾客想买的家电早已明确，所以，也可以通过让顾客购买比他想买的产品更高级的商品（Up-selling：追加销售），以及让顾客购买高利润的相关设备和配件（Cross-selling：交叉销售），来提高营业额。

如果商品的价格能以上述两个理由变低，那么网购家电也会在吸引顾客和物流上减少投资、成本，所以从结果上来说，这样就能提供价格更为便宜的商品。

乐天能飞速发展的理由

由中小型网购公司合而为一的购物商城，就是乐天市场和雅虎商城之类的商城型电商网站。他们的做法不像亚马逊那样从下单到配送都一手包办，而是从吸引顾客到接受订单由乐天和雅虎负责，之后的拣货、包装和配送等物流工作则由各个网店负责。

从出现互联网到目前为止的大约20年里，商城型电商网站占有优势。乐天2014年在日本的电商流通总额为2兆100亿日元。其中多数是乐天的主要业务——乐天市场的流通总额，换句话说，乐天从1997年开始，在短短20年的时间内就得到了飞速发展。

在网购的初期，像乐天市场这样的商城型电商网站能够飞速发展，有它的原因。如前所述，一言以蔽之，因为它是中小型网购公司的集合体。

乐天让各种网购公司在自己的网站开网店，从而比其他任何购物网站更早备齐了丰富的商品种类。乐天目前的网店数量已超过4万家。在购物时，把门店集中在一个地方，而且商品种类丰富的购物商城，比分散在各地的门店更为方便。网店也一样，乐天以丰富的商品种类为武器，把众多网店拢在一起，才得到了飞速发展。

反过来看，可以说乐天把物流委托给了各个网店，不用花费太多的时间。我反复说过，要累积成熟的物流技术需要相当长的时间，需要投巨资建设物流中心，制作物流系统，积累运行的技术，并逐步推进。而像乐天这样的商城型电商网站，本来就不需要物流技术，所以发展得很快。

网购中的物流功能

我们从物流的角度，对像亚马逊这样由一家公司构成的综合型购物网站，和像乐天这样由多家网购公司合而为一的商城型购物网站进行比较，如图 4 所示。

在综合型购物网站中，商品的流程非常简单。用货车从各个制造商那里"进货"，送到物流中心，一直"保管"到有顾客下单为止；在保管时，物流中心需要发挥"库存管理"的功能，包括对库存数量和库存场所两方面的管理；处理顾客订单的同时，还要对商品进行"拣货"，将商品装入硬纸箱等，然后填入缓冲材料等进行"包装"，以避免商品受损，之后再贴上写着送货地址的标签。最后，将商品"发货"，由受委托的快递员等配送到顾客手上。

而在商城型购物网站中，是各家网店起"进货"、"保管"、"库存管理"、"拣货"、"包装"和"发货"的物流功能。另外，

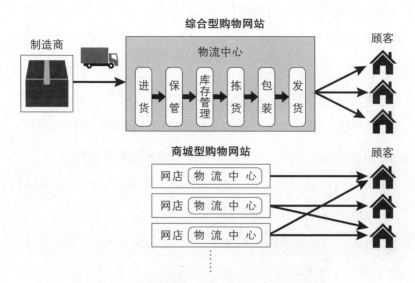

图 4 综合型购物网站和商城型购物网站的物流

商城型购物网站与综合型网购相比，有以下优点：

如前所述，它最大的优点在于，不需要投资建设物流中心，各个网店都有自己的物流技术，因此能立刻开始运营，能提高开展业务的速度。另外，让众多店铺在网上商城开店，也能快速丰富商城的商品种类，因此对顾客来说，很有吸引力。

商城型购物网站的缺点

我认为商城型购物网站有以下三个缺点：

第一，物流品质杂乱不一。因为物流委托给了各家网店，一旦发生保管不佳、包装粗糙、配送延误等物流品质上的问题，改善起来既费时又低效。物流品质不稳定，就很容易丧失顾客的信赖。

第二，发挥不了规模上的优势。因为各家网店单独从制造商那里进货，无法通过大量购买获得折扣（批量折扣）。在与快递员谈运费时也同样不能打折。无论是制造商还是快递员，只有在同一地方进行大量交易时，成本（发货成本、集货成本）才会降低，商品才有可能降价。

第三，对顾客来说不够方便。顾客在商城内的不同网店购买商品时，即使同时下单，因为商品是由各家网店自行配送，也需要分别支付运费。

亚马逊这样的综合型购物网站的物流系统越成熟，商城型购物网站的这些缺点就越显得不利。综合型购物网站的物流品质年年都在提高，营业额也在增加，所以在价格上的竞争力也变得强起来。只要备齐商品，就能一次性配送。

物流是基础建设，很难一下子在品质上看出差别。但是，综合型购物网站和商城型购物网站的差别，近年来越来越明显。目前，下单后隔天配送的情况自不用说，就连在当日配送的服务上也已经开始对决，所以商城型购物网站的缺点正在逐年凸显。

乐天的困境

2014 年以后，乐天只公布了包括乐天旅游、乐天积分卡和信用卡的消费额在内的集团流通总额，乐天市场没有可供参照的数据。但是，正如几位证券分析师指出的那样，我也预料到，作为乐天核心事业的乐天市场目前正在苦苦挣扎。

一谈到乐天市场的发展瓶颈这个话题，我常常听到"在乐天市场网站上购物很不方便"之类的说法。意思是说，在顾客检索想要的商品时，不会显示出多个相同的商品，又因为每家网店的运费不同，无法对比价格，而且各家网店的页面设计很不同，所以用起来不方便。

但是，网站的设计本身从一开始就没有太大变化，所以只是从网站的设计和使用的便利性上，来解释乐天市场营业额上不去的原因，恐怕是一个误判。当然，我认为网站的便利性不符合时代的要求也是营业额上不去的原因之一。但是，乐天陷入困境，还应该另有原因。

原因存在于我之前从物流方面提到的商城型购物网站的优缺点之中。

其一是因为乐天市场的商品种类不再具有优势。就像大家在序章中看到的亚马逊营业额的变化图那样，亚马逊的商品种类相当丰富。另外，2013 年 10 月，在商城型购物网站中，与乐天竞争的雅虎商城，不再收取电商开网店的手续费，网店数量由此达到了 34 万家，远远超过了乐天。所以，商品种类已经不再是乐天网站的竞争优势了。

其二是因为商品的价格。长期来看，在乐天市场开网店的电商，在价格上的竞争力并不强。由于很难在规模上取得优势，也无法对物流进行大额投资，因此几乎没有通过改善物流服务来削减成本的余地。另外，在乐天市场开网店还需要按月缴纳开店费和系统使用费等。而在亚马逊这样的综合型购物网站的规模不断壮大，雅虎商城免收开店费的情况下，乐天市场的商品价格很容易变得更高。还有就是，雅虎为了抗衡乐天，甚至还向用户大胆推出了积分还原①的服务项目。

可以说，乐天曾经在商品种类方面的压倒性优势已被超越，在商城型购物网站的价格竞争中也处于不利的地位，已经陷入了非常艰难的境地。购物网站现在正处于变革的转折点上，需要从物流的视角来解释乐天处于如此艰难境地的原因。

乐天物流的失败

在陷入困境之前，乐天并没有束手就擒。2010 年，乐天成

---

① 积分还原：指在网购中根据顾客购买的商品金额或种类，返还相应积分的一项服务。

立了"乐天物流"子公司。为了提高网店的物流品质，乐天物流向网店提供包括库存管理、拣货、包装和发货在内的所有物流支援服务。北自东北，南到九州，乐天物流在日本的五大城市设立了8个物流据点，旨在建设成一个物流网络。

然而，2013年12月，由于前期投资成本增加，乐天物流资不抵债。同年7月，乐天物流被母公司乐天并购清算，一部分物流中心关停重组，建设新物流中心的计划也被撤销。现在，物流支援服务公司"乐天超级物流"只在关东两个据点和关西一个据点等有限的范围内，经营"乐天运营中心"，但规模已经大幅缩小。

而亚马逊拥有同样功能的物流据点在日本全国共有9个，并在2016年增设到10个（川崎市高津区）。从总部所在地美国的发展情况来看，亚马逊今后也会在日本继续投资物流建设。我在序章中介绍过，为了实现下单后最快1小时送达的"Prime Now"服务，亚马逊设置了专用的小型物流中心。对亚马逊来说，物流是战胜其他公司所需的服务和武器。

乐天认为物流是短期能买得到的东西，即成本；亚马逊则认为物流是需要长期建设的投资，两者存在根本性的差异。在乐天物流设立前，我曾想以物流顾问的身份对它给予指导，但没有成行。现在想来，实属遗憾。在这种战略差异的背后，也存在着出身是商城型购物网站还是综合型购物网站的不同，但毫无疑问，物流将成为决定今后成败的关键。

因物流效率低而倒闭的互联网企业

乐天物流之所以失败，还有太过性急的原因，一口气设立了太多物流据点。物流需要时间累积，一口气设立太多，往往不会顺利。

我来介绍一个美国互联网企业惨败的案例，它就是设想建设成网上超市，并在1996年开业的"Webvan"。该公司在1996年通过股票上市来筹措资金，最后筹措到了超过10亿美元的巨额资金，很是风光。

Webvan在物流上特别用心，只花了18个月就扩展到了9个大城市，并在当地尝试建设了巨大的物流中心。在当时来说，那是最先进的物流中心，但是只体现在设备上，几乎没有拣货和包装的技术。据说，在其中一个物流中心，工作人员从长达8千米的传送带上对商品进行拣货和包装。如果有一部分传送带出现故障，就必须全部停止作业，根本谈不上效率。

另外，Webvan还购买了自主配送用的货车，并雇用司机亲自送货上门。但问题是配送的范围太大。Webvan不仅要吸引城市里的顾客，还要笼络郊区的顾客，为此，公司尝试以物流中心为圆心，对方圆40英里（约64千米）进行大范围配送。在城市的话，居住人口密集，配送效率很高，但一旦到了郊区，每家之间的距离太远，效率很低。

照片 2　Webvan 用于配送的货车

　　当时，互联网才刚刚出现，用户也没有现在这么多，Webvan 却想着去建设自己的配送网络。2000 年网络经济泡沫破裂，Webvan 的融资陷入僵局，物流中心接二连三地关停。虽然通过解雇员工等手段进行过大规模的重组，但到了 2001 年，Webvan 依然负债累累，最终倒闭了。

构建自主配送网的 KAKUYASU

如序章所述，物流成败的关键在于软件、基础建设和人。另外，从乐天物流和 Webvan 的案例可以得知，网购公司要独立构建配送网络并不容易。因为对物流中心的投资会增加，折旧费和营运费会造成经营压力。

另一方面，却有一家独特的公司在特定的区域内构建了自主配送网络，着实提高了销量。它就是 KAKUYASU。该公司以"一瓶啤酒免费起送"为切入点，提供酒类等饮品和食品的快递服务，其强项是自主建立了能立刻进行配送的配送网络。服务范围包括整个东京的 23 区、东京都以外的一部分地区、大阪府的一部分地区、神奈川县和埼玉县的一部分地区等，这些地方具有完善的配送系统，即使顾客只点了一瓶啤酒，也能免费配送。

KAKUYASU 把其门店方圆 1.2 千米的范围设定为配送区域，无论是电话接单还是网络接单，都是全年免运费，哪怕只有一瓶啤酒，也能实现最快 30 分钟配送的服务。该公司一改人们对酒类专卖店以前多受管制的印象，以便宜与方便为卖点，提高了业绩。很多卖酒的餐饮店都会使用这项服务，所以在离餐饮店最近的门店里有库存时，该公司也干脆形成一种机制："如果在当天晚上 9 点之前下单，就能当天发货，当天送达。"

一开始配送一次收取 300 日元运费，但试行免运费后，增加了订单量。在不断摸索的过程中，KAKUYASU 发现每家门店的物流圈可配送方圆 1.2 千米。如果扩大到 1.5 千米，配送面积就会变成原来的 1.56 倍，配送的移动距离也会增加到原来的 2 倍，成本会一下子增加很多，所以对 KAKUYASU 来说，1.2 千米是最有效的距离。这与 Webvan 试行的 64 千米的大范围配送形成了鲜明的对比。

KAKUYASU 从 1999 年开始构思这一模式，从提供免运费服务到盈利，经过了很长一段时间，据说当时 100 家门店中有 57 家赤字。但是，自从集中在特定区域内建立配送网后，KAKU-YASU 在配送区域内提高了知名度，到 2005 年，终于开始盈利。KAKUYASU 的物流是合理的，它并没有一下子扩张得很快，而是在稳步扩大。

发现库存点

为了更加深入地理解 KAKUYASU 的商业模式，我在这里请大家先记住一个物流术语——"库存点"（Stock Point）。英文的 Stock 指库存，Point 指地点，该术语表示为配送而暂时存放商品的场所。大多数情况下，库存点具备从拣货到发货的基本物流功能。

从物流的观点来看，KAKUYASU 模式的出色之处是，商品只限于酒类等饮品和一部分食品，并把门店自身作为库存点。公司并没有斥巨资建设巨大的物流中心，而是在门店有限的空间中存储商品，并控制在库存容许的范围内，而且提供免费当日配送的便利服务。

在网购领域，有很多把门店作为库存点的案例。只要看到一家公司把库存点设在哪里，就必然能看到它的物流。物流的作用是将商品带到（送到）便于顾客购买的地方。因此，库存点离顾客越近就越方便。

那么，终极库存点在哪里呢？它在顾客的家里，进一步说，在顾客家中的客厅里。很久以前就存在把顾客家当作库存点的商业模式。例如被认为始于江户中期的"富山的药商"。销售家庭用药的富山流动商贩施行"寄存药品经商法"（日文：置き薬商法），他们把药品放在全国各地的顾客家里，每年来访一两次，按照顾客使用的药品量收取费用，并补充药品。

这是一种在顾客下单前就送货到家的商业模式，具有划时代的意义。从把顾客家当作库存点来看，多少有点勉强，但对于认识物流的作用——将商品带到（送到）便于顾客购买的地方来说，这是一个浅显易懂的好例子。

Office Glico 的革命

也有企业推出了和"寄存药品经商法"类似的服务，其先驱是"Office Glico"，它是大型食品制造商江崎 Glico 推出的一项在办公室寄存点心的服务。迄今（2016 年）为止 Glico 已经在全国 11 万个办公室设点，从 1998 年开始试运营以来，短短 10 多年间，其营业额已经迅速增长到了 53 亿日元左右。或许在读者当中也有人使用过这项服务。

Office Glico 的服务，是在办公室人员目之所及的地方设置一个"提神箱"（Refresh Box），里面装有单价 100 日元的点心，想吃点心，投入 100 日元就能拿出来享用（也有部分商品的单价是 150 日元、200 日元）。提神箱是免费设置的，里面装满了饼干、奶糖等。据说为了避免大家吃腻，Glico 每年会更换多达 150 种商品。

因为是食品而非药品，比起富山的药商来，Glico 的负责人去办公室的次数更加频繁，每周一到两次，负责收取费用，更换、补充商品，也就是去"寄存点心"（日文：置き和菓子）而不是"寄存药品"。顺便说一下，"寄存点心"这个词已经成为江崎 Glico 的注册商标。大型连锁便利店"全家"（Family Mart），也开始在东京都内推出"Office Famima"服务。虽然有全家这样的竞争对手，但 Office Glico 在这个领域的营业额和知名度已经独占鳌头，其坚如磐石的体系是其他公司无法效仿的。

有人担心会出现吃完不付钱的情况。据说，Glico 模仿的是当地常见的"无人销售蔬菜"模式。在相信人性本善的日本，这类买卖的确可行。目前，收取款项的比率约为 95%，就算销售的数量和金额对不上，Glico 也不会要求设点企业补差额。

Office Glico 在东京、大阪、名古屋、福冈等办公室密集的大城市圈，设置了 60 个销售中心，约有 600 名工作人员负责巡视。从控制工作人员巡视区域、通过提高密度来提高效率这一点来说，Office Glico 与之前提到的 KAKUYASU 相同。另外，让人有些意外的是，Office Glico 的模式与大和运输的卫星中心也很相似。我曾经邀请 Office Glico 的一位发起人，同时也是事业负责人，来我们公司举办的研讨会上演讲。我惊讶地发现他在设定目标数字的方法上与我非常相似。

最后一哩是体现差异的关键

除了库存点外，还有一个重要的物流术语是"最后一英里"（Last Mile）。这一术语本来主要用在通信业上，指连接最近的基站到家庭或企业等用户的建筑物之间最后一段通信网络的距离。但近年来物流业也开始以相同的含义使用这个词。在日本，更普遍使用"最后一哩"（Last One Mile）这一说法，意指"最后的一英里",所以我也使用"最后一哩"这个术语。

最后一哩,指把商品从作为库存点的物流中心"配送"到顾客家中的最后一段距离。在没有实体店的购物网站,如何能体现出这最后一段距离的差异来,正在成为决定胜负的关键。

"爱速客乐(ASKUL)"的最后一哩令其他公司望尘莫及,其独特的理念提高了营业额。公司的业务始于向公司邮售办公室用品,如今也向一般消费者提供网售业务。

应该有很多人知道,爱速客乐的公司名来自"明天送来"(日文:明日来る,读音:ASUKURU)的谐音,表示今天下单,明天送达的意思。爱速客乐在最后一哩上狠下功夫,快速构建起了次日一定会将商品送达的模式,拓展了市场。该公司充分印证了"能掌控物流就能掌控市场"这句话。

爱速客乐的强项是物流

爱速客乐原本是文具制造商 PLUS 里负责管理产品目录邮购业务的部门。在文具业,大型文具制造商 KOKUYO 的市场占有率一直领先,它通过由业务员直接到大企业去销售文具,从而锁定顾客。因此,PLUS 瞄准的是公司员工较少的中小企业市场。因为中小企业不会像大公司那样购买大量文具,所以大型文具制造商也不会那么殷勤地去跑业务。爱速客乐原本从事向中小企业进行产品目录邮购的业务，之后委托街面的文具店开发新客户，并支付文具店相应的回扣，竟意外获得了成功。爱速客乐在 2016 年度的营业额为 3150 亿日元，并在持续增长。

如前所述，爱速客乐从一开始就采用重视物流的商业模式。曾经由于次日送达的便利性得以快速发展，现在仍然致力于提高自己的物流速度。目前爱速客乐的物流中心有仙台、埼玉、东京、横滨、名古屋、大阪、福冈等 7 个据点，总面积高达 10 万坪①。这些物流据点就是库存点，从而实现了次日送达的目标。

爱速客乐最下功夫的是最后一哩的问题。爱速客乐本身拥有专门负责配送的子公司"Bizex"，主要向办公室配送货物，负责爱速客乐约 6 成的配送业务。据说公司内部还有 1000 多辆配送货车，每辆货车每天配送 100~150 件货物。自主建立的配送网络，具有难以撼动的物流价值，说"明日送来"就一定会送来，确实取得了企业办公人员的信赖。

爱速客乐成功的主要原因

从物流的观点来分析，爱速客乐能顺利拓展业务的主要原因有以下两点：

---

① 每坪合 3.3057 平方米。

其一，爱速客乐本来就是文具制造商的内部风投公司，集中销售文具等办公用品的做法起了作用。就像本章一开头所写的从图书网购做起的亚马逊一样，爱速客乐也是从一开始限定商品的种类，从而能切实积累进货、保管、库存管理、拣货、包装、发货等物流方面的技术知识，然后把销售的商品从文具逐渐扩大到矿泉水、茶等饮品，以及卫生纸等办公室所需的其他日用品，从而累积了能进阶更高端物流的技术知识。

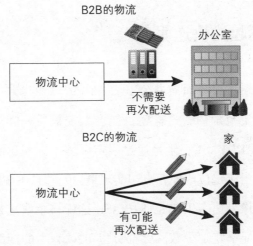

图5 B2B 与 B2C 的物流比较

其二，是爱速客乐有面向办公室的 B2B（Business to Business：企业对企业电子商务）物流模式。如图5所示，与购物网站等公司的 B2C（Business to Customer：商对客电子商务）物流模式相比，我们发现，商品送达的最终地点是办公室，这有利于提高物流效率。因为公司是人群集中的场所，不会出现因人不在而需再次配送的问题，还能把商品汇总起来一起配送。可以说这与 Office Glico 的模式相同。想一想如果是 "Home Glico"，将 "提神箱" 设在顾客家里，而不是办公室，情况会怎么样呢？销量肯定会变少，巡查的地点反而会增加，这种生意肯定不划算。这样想来，从物流的观点来看，需要个别配送的 B2C 模式，与 B2B 相比，绝对算不上效率高的商业模式。

日本了不起的快递服务

爱速客乐主要是面向办公室的 B2B 的商业模式，将配送地点限定在一定范围内，这样就可能会自控最后一哩的配送。之前提到的 KAKUYASU，则是通过限定区域个别配送酒类等饮品和食品，将门店定位成库存点，实现最后一哩自主配送。

但是，像爱速客乐和 KAKUYASU 这样自主解决最后一哩配送问题的企业毕竟是少数。大部分以 B2C 为主的网购公司都没有自主配送服务，而是委托给大和运输或者日本邮便之类的快递公司。

日本的快递以服务水平高而闻名。在美国，普通快递送到家需要好几天时间。例如，具有代表性的快递公司 UPS（United Parcel Service：联合包裹运输服务公司）把顾客指定的东西从西海岸的旧金山送到东海岸的纽约，需要 5 天时间。想次日送达的话，就必须使用费用昂贵的加急快递（Express）。日本与美国的国土面积有很大差异，在日本，除一部分地区外，大和运输都能次日配送，而且顾客指定商品送达的时间被认为是理所当然的事情，但在美国，无法指定送达时间，而且周末或节假日不可能配送商品。还是日本的快递服务更胜一筹。

据说日本的零售市场规模已达到 141 兆日元左右（引自 2014 年度 "商业动态统计年报"），近几年的增长率约为 1%。其中，如前所述，商品销售领域的网购业增长显著，电商化比率连年攀升。支撑这一增长的，正是日本物流品质高超的快递服务，既能实现次日配送，还能指定时间再次配送。让消费者如此便利地享受网购的服务，大和运输、佐川急便和日本邮便等企业功不可没。

快递的突变

如今，这种快递服务正在发生显著变化。

2013 年 12 月，由于快递公司集货总量受到限制，即使顾客已经准备好寄送的货物，快递公司也无法按时寄送。货物在快递服务窗口无法按照与顾客约定好的日期交付给他们，实际送达的时间比指定日期往往晚一天。

2014 年 3 月，日本全国各地的快递服务陷入停滞状态。原因是 4 月的消费税将从 5% 调至 8%，所以在这之前，出现了大量的消费需求。3 月 31 日的寄送量达到最高峰，4 月 1 日全东京的快递都延迟了半天，甚至超过一天。由于货车不足，甚至有企业不得不动用非机动车，也有配送公司因为比预期更多的运送需求，现场陷入混乱。

发生这种情况的原因在于，网购市场的发展，致使快递的需求不断增加。在日本，本来是"理所当然会送到"的快递服务，出现了"肯定不会送到"的担忧。

快递作为日常生活用品的配送手段，在大和运输 1976 年推出"快递到家"服务之后，已属于公民享有的一种权利。1979 年，光是商品的配送量就达到 1000 万件，1984 年全年的配送量突破了 1 亿件，1989 年则超过了 10 亿件。网络的随时连网服务问世后，网购成为很多人可以随时享受的服务，快递的配送量得到了进一步迅猛增长。

1998—1999 年，主要业务是 B2B 的佐川急便正式推出了"快递到家"服务，日本全年的配送量增加到了 5 亿件以上。接着，2013 年突破了 36 亿件，相当于每人每年使用 30 次"快递到家"服务（图 6）。

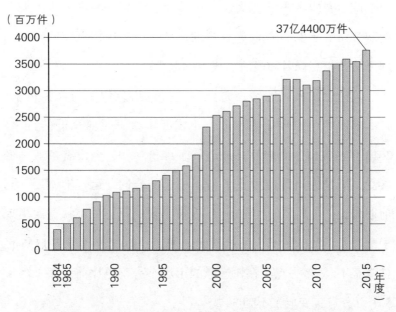

（百万件）

图 6　快递配送件数的变化趋势（日本国土交通省的调查）

上调运费带来转机

要想应对不断增加的配送需求，各快递公司都需要增加雇用人员以及物流各方面的设施和设备，也理所当然需要投入资金。

最早采取行动的是佐川急便。2012 年，佐川急便决定上调运费，放弃以前扩大营业额的市场占有率至上主义，决心采用提高盈利率的方针：要求运费低的客户上调运费，不再和不接受上调运费的客户继续交易。2013 年，佐川急便进一步上调了网购公司等从事 B2C 业务客户的运费，因为佐川急便已经被逼到无法负担高峰时间段所需成本的地步。

佐川急便最大的客户是亚马逊。佐川急便在与大和运输、日本邮便竞争市场占有率时，不惜亏本接下了亚马逊的订单。2013 年，佐川急便与亚马逊进行了涨价谈判，但没有被亚马逊接受，于是佐川急便中止了与亚马逊的合同。运费上调后，与前期相比，佐川急便在 2014 年度推出快递服务以来，首次出现了配送量下滑的情况。虽然利润增加了，但配送量却从 13.5 亿件降至 12 亿多一点，在快递业的市场占有率也比前一年下降了 5 个百分点，变成了不到 34%。

快递业的巨头大和运输也采取了行动，决定从 2014 年起全国同步上调运费。过去多根据每个客户的交易量给予相应折扣，现在则改为根据货物的大小来收取运费，其实就是上调了运费。另外，针对运载容量有限制的恒温运送服务"冷冻快递"，更是大幅上调了运费，据说涨四五成都属正常。

形成垄断的快递业

大和运输在这个时间点上调运费，网购公司等多数大宗客户都不得不接受，因为在快递服务业，大和运输已经进入了独占市场占有率的阶段。

日本的快递服务业，过去主要有大和运输、佐川急便、日本通运和 JP（日本邮政）集团旗下的日本邮便 4 家竞争公司。2010 年，日本通运的"鹈鹕便"与日本邮便的"YUPACK"进行业务合并，变成了三强鼎立的局面。合并后，快递业一度陷入混乱，大和运输与佐川急便趁势提高了市场占有率，日本迎来了双雄对峙的时代。但是如前所述，佐川急便没多久就中止了与大型网购公司亚马逊的合同，大和运输由此而一家独大。

2014 年度，各家快递公司的市场占有率如图 7 所示。快递公司的数量曾经超过 40 家，2014 年已经减掉二分之一，剩下 21 家。由大和运输、佐川急便和日本邮便 3 家不断形成垄断之势，市场占有率合计达到 92.5%。特别是其中规模最大的大和运输，其市场占有率为 45.4%，占据快递市场将近一半的份额。大和

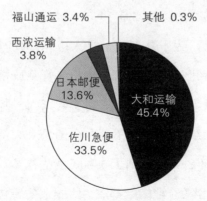

图 7　日本的快递市场占有率（2014 年度）（日本国土交通省的调查）

运输向来以支撑日本基础建设自居，作为快递公司的领头羊，面临着各种课题。

货车严重不足

快递的运费上调，是运输业运货的货车和司机长期不足导致的。

为什么会出现货车司机不足的问题？原因很简单，因为货车司机的薪水相对降低了。有人肯定看过 1975—1979 年上映的东映系列电影《卡车野郎》（日文：トラック野郎），或许记得，以前的货车司机越努力薪水越高，是一份令人憧憬的职业。但是现在不一样了。运输业竞争越来越激烈，运费也一降再降，于是货车司机的薪水也跟着下降。

出现这一转变的契机，是 1990 年政府对货车运输业实施了放松管制的政策。为了让新成员进入市场，政府允许相关企业自定运费，来促进运输业的内部竞争。管制放松了，相关企业所需的货车最低保有量也可以降到 5 辆以内，所以一大半新成员是中小企业。结果，1990 年日本全国只有大约 40000 家相关企业，到 2007 年，则增加到了 63000 家左右（日本国土交通省的调查）。这些相关企业多数都成为大企业的转包商，通过接二连三转包，层层抽取手续费，不得不在难以维持损益平衡的情况下继续运营。

货车司机面对薪水减少的状况，只有长时间劳动才能维持和以前同等的待遇，但政府部门加强了劳动管制，不允许司机长时间开车，导致没有年轻人愿意当司机，所以越来越满足不了日益增加的货车需求。

"再次配送"的问题

除了货车不足的问题外，让快递业苦恼的还有"再次配送"的问题。使用网购的人越来越多，收件人有可能不在家，结果再次配送的情况猛增。根据日本国土交通省的调查，再次配送的比率（第一次配送因收件人不在而再次配送的比率）高达2成左右。需要配送3次以上的情况占整体的1%，换言之，每100件快递中就有1件必须配送3次以上。

按照收件人的意愿，根据指定的时间配送，这是日本独有的服务。收件人可以指定快递在两个小时内送达，随着网购业的发展，使用这项服务的人也多起来。虽然这项指定时间的服务在一定程度上减轻了再次配送的负担，但是如今光靠这项服务效果并不好。先前引用的日本国土交通省的调查显示，即使有指定时间配送的服务，需要再次配送的情况与之前相比，也没有太大差别，仍然占两成左右，根本没有减轻运输公司的负担。

需要再次配送时，就必须把货物暂时带回配送据点——营业门店，保管到收件人要求再次配送为止。另外，在接到收件人要求再次配送的指示前，快递公司原本不会再到配送地点去，但实际情况是，就算快递员在顾客信箱里留下"不在家告知书"，也未必是所有顾客都会主动联系告知再次配送的时间。实际上，很多送货司机都抱怨，如果不多次留下"不在家告知单"，收件人不会主动联系你。话虽如此，营业门店不可能一直为收件人保管货物。为了早点完成配送任务，送货司机通常会根据自己的判断，再去配送两到三次。

　　就算收件人联系你再次配送，为了满足顾客指定配送时间的要求，有时候也不得不改变原本配送的路线。再次配送产生的成本也不容小觑，但这些成本无法转嫁给发货的网购公司或使用服务的收件人。结果是运输公司不得不自己掏腰包。

　　与运输业货车司机不足的问题一样，再次配送的问题也会导致运费的进一步上调，因此在2015年，日本的快递公司、网购公司、便利店、储存柜公司和业界团体联名设立了"关于为减少快递再次配送而促进顾客收件方式多样化的研讨会"。会上，针对增加顾客收件方式，如使用便利店和专用储存柜等来提高配送效率等议题进行了研讨，还设定了解决货车司机不足问题的目标。会议形成的报告显示，每年因再次配送浪费的资源，相当于大约9万个劳动成本，换算成钱，高达2600亿日元左右。为了解决这个问题，也为了建立流通企业与快递公司之间的伙伴关系，我也设立了"快递研究会"，并开展活动。

顾客收件地点的多样化

各家快递公司也开始对再次配送的问题采取对策。大和运输为了便于顾客收件，打算增设快递收件专用的储存柜。大和运输与法国邮政器械制造巨头新邮公司（Neopost）的子公司合资成立了 Packcity Japan 公司，并开发了一款名为"PUDO"的快递储存柜。其最大的特点是，在快递存储柜上不出现大和运输的名称，并向大和运输以外的其他快递公司开放，便于竞争公司共同使用。此举让我们感受到了大和运输的干劲，大和运输认为再次配送理应是全体业界共同面临的课题。

佐川急便则联手大型连锁便利店罗森（Lawson），成立了合资公司 SG Lawson，利用便利店全天 24 小时营业的便利性，增加了快递收件的选项。

日本邮便则找来邮筒制造企业 NASTA，进一步与亚马逊共同开发收件专用邮筒"Qual"，并开始销售。想办法加大邮筒的投递口，以便投递包裹，由此来减少配送的次数。

身为物流风投企业的经营者，我也在致力于解决再次配送的问题。2016 年 4 月，我推出了一款智能手机免费 APP——

"UKETORU"，这款 APP 既能追踪快递进度，用户还能请求再次配送，操作简单。它适用于大和运输、佐川急便、日本邮便等配送的货物，如果与亚马逊、乐天等账号绑定，就会帮助用户读取各个网站的信息，自动追踪购买商品目前所在的位置，还能在快递到达前或无人在家时，用 APP 接收推送信息、告知情况，顾客可以通过"一键"（One-Click）功能请求再次配送。

今后，包括快递公司和流通企业在内，为了减少再次配送的次数，整个业界仍会继续进行各种尝试。

中止"全免运费"带来的冲击

就像这样，基于面临的种种课题，快递公司最终下定决心上调了运费，网购公司之间的竞争也随之出现了显著的变化。最明显的例子是亚马逊中止了所有商品免运费的服务。据部分报纸报道，使用大和运输服务的亚马逊日本子公司，过去曾数次接受过大和运输上调运费的要求。2016 年，亚马逊日本子公司决定改变运费方针，如果顾客的订单不满 2000 日元，将收取 350 日元的运费。

亚马逊刚在日本开展业务时，原本就对一次购买金额未满 1500 日元的订单收取过 300 日元的运费。2009 年，在推出限期促销活动、对所有图书免运费以后，从 2010 年开始，除一部分大型商品外，几乎所有商品全都免运费。2012 年，又采取了被称为"凑单计划"的措施，对调料和玩具等一部分低价商品，设定了一次购买金额最低需达到 2500 日元才能享受免运费的限制，其他商品仍然全免运费。现在，这项由亚马逊率先采取的全免运费措施宣告结束了。

亚马逊在运费方针上的改变，与快递业相关情况的改变一样，都预示着网购公司正在面临一大转折点。今后将会怎样？在亚马逊的大本营美国，也正在发生巨变，仿佛在预告今后会出现与日本同样的变化。

重压在身的运费负担

图 8 是近年来美国亚马逊的运费以及运费在营业额中的占比情况。运费所占比率从 2009 年起，年年都在增加。其背景与日本的情况一样，也与快递公司每年都在上调运费有关。

在美国的快递公司中，有一家向大和运输学习快递技术的公司，叫 UPS（United Parcel Service：联合包裹运输服务公司）。在以网购为主的 B2C 快递服务领域，该公司的市场占有率将近九成，具有绝对优势。据说，其半垄断式的统治结构，导致亚马逊、易贝（eBay）、谷歌（Google）等著名电商企业也被迫接受偏高的运费。

（我根据 IR 资料制作而成）

图 8　亚马逊的运费以及运费所占比率

　　网购公司即使偶尔难得制定了一个优惠的商品价格，也会因为偏高的运费，造成消费者实际负担的金额变多。特别是想以低价来吸引消费者的商品，会因为偏高的运费而削弱吸引力，形成本末倒置的关系。

　　对亚马逊来说，增加运费是一大苦恼。2014 年度的运费超过 1 兆日元，2015 年度的运费所占比率增加到 11.6%，约为 1.3 兆日元。日本快递业的巨头——大和运输在配送业务上的规模为 1.1 兆日元，与之相比就会明白，亚马逊支付给快递公司的运费金额是多么巨大。光是亚马逊一家公司支付的运费，就超过了大和运输与快递配送相关业务的全部营业额。

亚马逊注意到，大型快递公司上调运费后，自己没了利润，"没利润 = 自己无法控制利益"，于是，亚马逊基于运费所占比率的提高，决定在最后一哩上改变策略。

亚马逊的秘密物流中心

2016 年 8 月，亚马逊在美国旧金山的伯克利（Berkeley）建了一座还没对外公开的秘密物流运营中心——Fulfillment Center。

我在 2016 年 2 月下旬去造访时，标识牌上还贴着胶布，胶布背后清晰地写着"Amazon"字样。这是亚马逊还没有对外公开的缘故。

照片 3 亚马逊物流中心的标识牌

我之所以注意到这座物流中心，是因为它的选址。亚马逊正在将物流中心转换成"消费者选址型"（相对的词是"生产选址型"，这些都是我造的词）。所谓"消费者选址型"，是指将物流中心尽可能设置在有很多消费者的场所附近。亚马逊的物流中心一般都会建在距离消费者聚集的大城市数百千米以外的地方，但消费者选址型物流中心则大幅缩短了距离，位于离大城市不到 100 千米的范围内。

像消费者选址型这样，在离消费者更近的地方设置充当库存点的物流中心，有两个好处。一是可以控制支付给快递公司的运费，二是可以进一步提高配送商品给顾客的速度。

物流中有"线路"（Link）与"分发中心"（Node）两个专业术语。"线路"即连接，指货车等工具的配送路线。"分发中心"则是节点，指物流的据点。亚马逊之所以建造消费者选址型物流中心，当然是考虑到，线路（配送）的成本上调了，就算在分发中心（物流据点）上多花点钱，缩短线路（配送距离）的做法仍然比较划算。

例如在此之前，如果在附近的物流中心没有顾客下单的商品，就需要从其他物流中心调货。但是，在靠近消费者的地方设置很多作为库存点的物流中心后，就不会出现经由分发中心产生的浪费。虽然设置消费者选址型物流中心需要投入大额资金，但能提高物流的效率，还能更加方便顾客。

亚马逊开始转向消费者选址型物流中心，是在 2011 年之后。但是作为真正在消费区域内运转的物流中心，这次建造的伯克利物流中心还是第一座。从这个意义上来说，伯克利物流中心将成为评估亚马逊未来物流战略的一项重要指标。

新运营的伯克利物流中心，毫无疑问是亚马逊为了加强自主配送的能力而建造的。另外，不只是伯克利物流中心，亚马逊还在旧金山湾区等地设置了好几个配送据点（小型物流中心）。亚马逊也没有对外公开这些据点。近年来亚马逊确实在向消费者选址型物流中心转型，也就是在消费区域内运营物流中心和配送据点。

亚马逊在最后一哩的策略

亚马逊不仅开始设立消费者选址型物流中心，2011 年前后，还着手摸索 UPS 公司以外的快递方法。

我考察过美国各类网购公司 10 座以上的物流中心，切身感受到，几乎九成以上的货物都由企业巨头 UPS 公司发货。UPS 几乎占据了网购 B2C 快递（Home Delivery）市场的所有份额。

但是，令人惊讶的是，2013 年度亚马逊在美国 6.08 亿件发货量中，UPS 的发货比例却只有 30%。市场占有率最高的是 USPS（United States Postal Service：美国邮政），为 35%。USPS

相当于日本邮便这类公共性较高的单位，然而其工会却很强势，服务态度差，名声不好。另外，区域性配送公司的市场占有率为18%，美国联邦快递（Fedex）为17%（Sanford C. Bernstein & Co. 的调查）。

用USPS这样名声不好的快递公司，多少会让人担心亚马逊的处境，但这正是亚马逊的厉害之处。亚马逊似乎是通过PDCA（Plan—Do—Check—Act：计划—实施—检验—再行动）的管理循环，持续改善着配送的品质。例如，亚马逊在2013年表示，将使用USPS来提供过去美国只有UPS和Fedex才能实现的节假日配送服务，当时全美国的快递业为之震惊。

为什么亚马逊能做到这些？事实上，亚马逊分摊了成为USPS负担的商品分类作业。亚马逊只委托USPS配送分类好的商品，于是USPS就可以专心提供节假日配送服务了。出于这个原因，USPS从不接受亚马逊以外其他电商委托的节假日配送请求。于是就自然形成了一道其他电商进入市场的屏障。这也是亚马逊的物流变成竞争利器的一个插曲。

另外，区域性配送公司的市场占有率也有18%，这是亚马逊拥有消费者选址型物流中心之后的事情。为了调查研究，我造访了几家亚马逊用来提供当日送达服务的区域性配送公司，据说亚马逊会自行用拖车把货物送到这些公司的据点。将从订货至交货所用的时间倒过来计算，如果亚马逊的物流中心不够近，就不可能实现当日配送的服务。

如上所述，美国亚马逊为了掌控最后一哩，建造了消费者选址型物流中心，摆脱了对 USPS 的依赖，并使快递公司之间相互竞争，设法让运费不轻易上调。

亚马逊规模壮大的自主配送

亚马逊似乎正在进一步扩大自主配送的规模。这一点从亚马逊购买数千辆拖车和租赁大约 20 架货机（波音 767F）的报道中可以得知。在物流中心的据点之间，亚马逊打算用自己的拖车和货机来运输，并自行控制配送网络。

这样想来，序章中出现的 "Amazon Prime Air" 并不只是亚马逊的实验，还是为了摆脱对快递公司的依赖而运用小型无人机进行配送的一种尝试。

更特别的是，亚马逊还开始试验由普通民众自己开车帮助配送，或者与奥迪汽车公司合作，尝试把货物直接送到顾客的后备箱里。用众包（Crowd Sourcing）的形式调用普通民众做快递员的模式早已存在，但亚马逊的挑战似乎比这个模式更超前。

像这类先进的措施并非只是为了炫耀。亚马逊通过自行掌控物流网并加速机械化，真正的目的是想进一步提高物流的效率。

目前仍要支付 1.3 兆日元运费的亚马逊，难保不会有一天像 UPS 一样拥有自主的快递网。这一点在美国引起了热议。像亚马逊市值超过曾经在零售领域世界第一的沃尔玛一样，亚马逊也将吞食在 200 多个国家和地区营业并拥有世界最大物流网的快递企业 UPS，这样的说法越来越像真的。

美国硅谷流行的一个表示毁灭既存产业的词叫"Disruption"。有人很认真地说过，亚马逊将会毁灭既存的零售业和快递业。

引进智能移动机器人

物流中心内的作业流程也在改进。2012 年，亚马逊以 7.75 亿万美元（约 650 亿日元）的价格收购了从事物流中心相关系统开发的公司"Kiva Systems"（现在的 Amazon Robotics）。

Kiva 是一家擅长开发用于物流中心内部的智能移动机器人的公司。这种机器人像是 iRobot 公司的扫地机器人"Roomba"的放大版。这样一来，就不再需要工人在仓库内走到拣货商品所在的货架前，而是由机器人把放有商品的货架本身运到工人所在的位置。其流程是，用激光划出需要拣货的商品所在区域，再由工人取出并扫码商品，确认商品无误后再装箱。

建设使用传送带的自动化系统，需要花上 12~18 个月的时间，而建设使用智能移动机器人的流程，几个星期就能完成。智能移动机器人能根据商品的销售情况随时调整货架，不仅灵活性好，还能进一步提高作业效率。因为是机器人而不是工人，所以在整个物流中心内部都不需要安装照明和空调设备，可以节省电费。

2014 年的公开资料显示，亚马逊已经在 10 座物流中心配备了 3 万多台 Kiva 机器人。据一家调查公司预估，每 1 万台 Kiva 机器人每小时的工作量相当于 25000 名时薪 14 美元的工人的工作量。也有报告指出，物流中心的营运费减少了约 20%（德意志银行的调查）。这与亚马逊想通过机械化降低人工费来缩减物流成本的想法不谋而合。

Kiva 的创始人兼 CEO 米克·蒙兹（Mick Mountz），曾经在之前介绍的"网络经济泡沫中倒闭最严重"的网上超市 Webvan 公司负责过物流业务。在 Webvan 倒闭后，蒙兹认为"绝对有更好的做法"，认定物流领域存在商机，他觉得"最好能让每一件商品自动到工人跟前来。为此需要把货架和发动机分开。想要实现这一理念，他想到了使用移动机器人的做法"（引自"从美国亚马逊 600 亿日元的收购案窥视未来的物流仓库"，日文版《华尔街日报》）。

可以说，亚马逊通过这次收购，让自己的公司获得了

Webvan 在失败后取得的成果——用智能移动机器人自动拣货。

第 1 章的前半部分着眼于亚马逊为什么从书店做起，从物流的角度概括了购物网站是如何实现快速发展的，还从物流方面说明了商城型购物网站乐天陷入困境的原因，并以 KAKUYASU、Office Glico 和爱速客乐等拥有独特物流战略的企业为例，介绍了"库存点""最后一哩"等代表现代物流模式的关键字。

后半部分则解说了快递公司和运输公司在竞争上面临的局限，以快递公司上调运费为契机，从美国亚马逊的最新报告出发，思考了网购公司目前面临的转机。

下一章将结合美国的物流情况，为大家解读以物流为武器、正在改变商业世界的亚马逊，其本质是什么。

第 2 章

巨头亚马逊的本质

——沃尔玛与亚马逊的无情对决

沃尔玛与亚马逊的揭幕战

"沃尔玛的网上商城是 Walmart.com。我们旨在成为商品种类和访问量都是世界第一的网站。"（Cleveland.com "Walmart. com CEO Raul Vazquez says he aims to dominate Web retailing" http://www.cleveland.com/business/index.ssf/2009/12/walmartcom _ ceo_ raul_ vazquez_ sa.html）Walmart.com 的 CEO 劳尔·范兹奎茨（Raul Vazquez）如是说。

世界最大的零售企业沃尔玛百货有限公司（下称"沃尔玛"），真正开始在意网购巨头亚马逊的动向是在 2009 年 10 月。沃尔玛在日本、非洲、中南美洲、中国和印度等 28 个美国以外的国家和地区设立了 11534 家门店，是销售规模位居世界第一的连锁超市，Walmart.com 是它的网上商城。

双方首先在价格上开始竞争。沃尔玛表示，消费者只用 10 美元的预约价，就能破格买到史蒂芬·金（Stephen King）等畅销书作家在美国零售价格通常为 30 美元的 10 本新版精装书。对此，亚马逊立即进行降价对抗，双方便开始了一场削价竞争。最终，沃尔玛降到 8.98 美元，之后双方继续竞争，一直持续到 12 月底的圣诞节，影响甚至扩大到 DVD、游戏机、智能手机、玩具等图书以外的商品。

营业额世界第一的沃尔玛为什么要在意亚马逊的动向呢？因为"提到低价网购就会想到亚马逊"的观念越来越深入人心。对于以"绝对低价"而位居零售企业世界第一的沃尔玛来说，这是无法容忍的。实际上，根据调查公司凯度（Kantar）的调查，沃尔玛和 Walmart.com 比亚马逊卖得更便宜。尽管如此，亚马逊还是给人更便宜的印象。

市值世界第一的亚马逊

沃尔玛担心的事情果然发生了。2015 年 7 月，在美国股票市场上，亚马逊的市值超过了沃尔玛，荣登世界最大的零售企业宝座。

亚马逊并不是靠营业额超过沃尔玛的。根据 2016 年世界零售业排名得知，沃尔玛的营业额以 4856 亿美元位居榜首，竟然是排名第二的营业额为 1126 亿美元的好市多的 4.3 倍左右。1962 年开设第一家店的沃尔玛，后来成为世界最大零售企业。另一方面，亚马逊排名仍然位居第 12 位，营业额不过 700 亿美元，大约是沃尔玛的七分之一（如图 9 所示）。

营业额（百万美元）

排名	企业	营业额
①	沃尔玛（美国）	485651
②	好市多（美国）	112640
③	克罗格（美国）	108465
④	施瓦茨（德国）	102694
⑤	特易购（英国）	99713
⑥	家乐福（法国）	98497
⑦	阿尔迪（德国）	86470
⑧	麦德龙集团（德国）	85570
⑨	家得宝（美国）	83176
⑩	沃博联（美国）	76392
⑪	塔吉特（美国）	72618
⑫	亚马逊（美国）	70080
⑬	欧尚（法国）	69622
⑭	西维斯（美国）	67798
⑮	卡西诺（法国）	64462
⑯	永旺（日本）	61436
⑰	艾德卡（德国）	60960
⑱	劳氏公司（美国）	56223
⑲	Seven&i控股（日本）	53839
⑳	雷弗集团（德国）	51168

（出处：Deloitte "世界零售企业排名"）

图 9 2016 年世界排名前 20 的零售企业

（我根据 IR 资料制作而成）

图 10　亚马逊与沃尔玛的市值走势

　　那么，亚马逊的市值超过沃尔玛，意味着什么？总体而言，市场看好亚马逊的发展，人们竞相购买亚马逊的股票，因此它的股价不断攀升。从图 10 两家公司市值的走势来看，由于被市场看好，亚马逊发展得多么迅速，是一目了然的。也有证券分析师预测，到 2024 年，亚马逊的营业额应该会超过沃尔玛。

　　大家为什么如此看好亚马逊的发展前景？网购巨头亚马逊背负了市场过高的期待，如今成为市值世界最高的零售企业，本章将揭开它不为人知的神秘面纱。

沃尔玛的 DNA

在谈亚马逊之前，我先来说一下沃尔玛。因为亚马逊的创始人贝佐斯从营业额世界第一的零售企业沃尔玛身上学到了很多东西。

《一网打尽：贝佐斯与亚马逊时代》一书中写道："贝佐斯细读了山姆·沃尔顿（Sam Walton）的书，并将这位创始人提倡的节俭和'重视行为'纳入了亚马逊的文化中。"但实际上众所周知，亚马逊挖来了沃尔玛的优秀管理人才。

例如，在 1997 年创办亚马逊不久，贝佐斯挖来了负责沃尔玛物流业务的原副总裁吉米·莱特（Jimmy Wright）。莱特进入亚马逊后，晋升为 CLO（Chief Logistics Officer：物流主管）兼负责物流业务的副总裁，支撑起了亚马逊早期的物流战略。他贡献卓著，亚马逊甚至因此在乔治亚州的麦克多诺（McDonough）建造了当时美国规模最大的物流中心（74000 平方米）。亚马逊之后又陆续挖走了沃尔玛的一批精英，为它的物流战略带来了极大影响。所以，亚马逊带有销售能力世界第一的沃尔玛的 DNA。

为了解开亚马逊的谜团，我们先来看一下沃尔玛的特征。

一提到沃尔玛，人们就会说，它是世界上最擅长物流战略且规模最大的零售企业。它发展的秘诀，一言以蔽之，是"EDLP"（Everyday Low Price）策略。什么是 EDLP？直译就是"天天低

照片4　沃尔玛的门店

价"，换句话说就是"每天都划算"的意思。在日本，长期以来，家庭主妇都有一看到报纸中夹带的促销传单，就跑到超市或折扣店去抢购商品的习惯，只是很多人不熟悉 EDLP 策略罢了。相对于 EDLP，像日本零售企业这样随特卖活动而调整价格，来吸引顾客上门的方法，叫"HILO"（High-Low Price：高低价）策略。

EDLP 不等于便宜卖

不时会有顾问宣称，EDLP 策略就是节省制作传单等促销所需的经费，用来实现商品的更低价格。我认为这样去理解 EDLP 策略太浅显。EDLP 并不只是字面意思，还应该注意到，沃尔玛这个企业本身正是根据这个具有决定性的策略才站稳脚跟的。

想一探沃尔玛的经营方法，最有效的方式就是关注沃尔玛基于物流的开店策略。

日本企业在部署物流据点时，一般情况下都是优先开发营业和销售所在的场所，只有在现有的物流据点难以满足成本和交货速度时，才会考虑建设新据点。而沃尔玛正好相反，先建设物流据点再开门店。

沃尔玛为什么先建设物流据点？我认为，这或许是沃尔玛的创始人沃尔顿是军人出身的缘故。为了便于军队作战，不可或缺地要有能供应前线武器和弹药等物资的活动。这些活动就是序章中提到的"后勤"，英文是 Military Logistics。换句话说，战场上物流的优劣决定着战争的胜败。

例如，1990 年 8 月正值伊拉克攻打科威特之际，联合国决定派遣多国部队介入，于是爆发了海湾战争。在这场战争中，从决定派遣多国部队到第一波空袭，其实需要相当长的时间，因为必须等调度好船舶，将弹药和粮食运输到战场前线并储存好后，才能发动攻击。换句话说，要先准备好物流才能开战。如果在战争中用完了弹药和粮食，肯定会战败。同样，如果沃尔玛门店的商品全都卖完了，就提高不了营业额。沃尔顿肯定非常清楚物流的重要性。

优势策略

沃尔玛就是基于这种想法做出的开店策略，预先想好怎样开店，再去建设充当物流据点的物流中心。据说沃尔玛一个物流中心覆盖的区域范围是方圆 200 英里，简单换算一下，大约是 320 千米。如果以日本的东京作为一个物流中心来看，区域范围向北可以到仙台，向西可以到三重县的津市、北陆的金泽和福井一带。沃尔玛的开店策略是，先部署好作为圆心的物流据点，在方圆 200 英里的范围内开设 90 ~ 100 家门店。换言之，沃尔玛采取的就是以物流据点为中心，在该特定区域内密集开店的优势（Dominant）策略。

就 EDLP 策略而言，在特定区域内确立自己的优势非常重要。如第 1 章所述，在物流领域中，配送密度越高，浪费就越少。从东京派出一辆货车送货，比起只送仙台一家门店来，顺路多送几家门店会更有效率。

据说沃尔玛目前有 7000 多名货车司机。我曾经与一名负责配送沃尔玛商品的货车司机聊过天。据他说，沃尔玛的工作就是"一旦坐上货车，就得一直开"，也就是沿着配送效率最佳的路线一直开下去的意思。门店彼此相隔甚远，这是国土面积约为日本 25 倍的美国特有的问题。就配送商品到门店这一项来看，我们也会深切感受到，美日之间的配送规模，以及最初对物流的思考层次都不相同。

特价促销为什么没有效率？

事实上，这个优势策略才是实现 EDLP 策略的关键。而像日本零售企业那样通过压倒其他公司的优惠价格来获利，即通过"高低价"（HILO）的策略来吸引顾客的做法，其实没有效率。

EDLP 策略不会因为一定期间推出的特卖活动而导致价格上下波动，相应地，也能在一定程度上预测顾客的需求，稳定物流中心的运营率。另一方面，HILO 策略只有在特卖活动期间才会出现无法预测需求的情况，物流中心也会因此出现繁忙期，运营率吃紧，甚至需要临时雇用小时工来帮忙。这不光是物流中心在处理进货确认、保管、拣货、包装、发货、盘点和退货等一系列作业时面临的问题，对于把商品从制造商那里运到物流中心，或者从物流中心运到门店的货车司机来说，也同样会受到需求波动的影响。

对零售业来说，商品热销固然是好事，但是过于畅销会供不应求，就会出现各种问题。也就是说，如果能预测市场需求，零售业就能决定进货量，处于商品流通上游的制造商也就能判断应该生产多少商品，才能稳定工厂的运营。然而，一旦出现无法预测的需求，零售业的流通中心、制造商的工厂，甚至物流所需的货车，全都会陷入吃紧状态。这些并不像电子数据领域那样全都能瞬间应对。人手不足就得雇人，原材料不足就得去采购。

另外，顾客需求的激增情况要传达到制造商那里需要时间，会产生时间差，所以也可能导致对需求的误判。赤城乳业的招牌商品 "GARIGARI 君" 冰棒在发售 "那不勒斯口味" 之初，略带青椒味的冰棒与冰品中少见的番茄酱味冰棒大受消费者欢迎，在网上引起了热议，销售的速度非常快。但是并没有持续下去，结果有 320 多万个 "那不勒斯口味" 冰棒没卖出去，出现了高达 3 亿日元左右的严重赤字。这说明预测市场需求非常困难。

沃尔玛的信息系统

像这样在流通业由于最终顾客需求的波动，越是位于供应链上游的工厂和物流中心，受到的影响就越严重，在经营学中，这种现象叫 "长鞭效应"（Bullwhip Effect）。顾名思义，它表示，需求的波动就像长鞭一样逆流而上到供应链的上游，并带来严重的影响（如图 11 所示）。

EDLP 策略非常优秀，它通过向顾客保证会持续提供最低价格，不仅会有效吸引顾客，还能最大限度地降低长鞭效应带来的影响。沃尔玛通过 EDLP 策略，再配合优势策略，能提高配送的密度，从而能稳定且有效地运用物流系统。

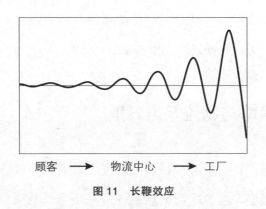

顾客 ➞ 物流中心 ➞ 工厂

图 11　长鞭效应

此外，为了进一步提高物流系统的效率，沃尔玛在零售业界率先引入了最先进的信息系统。更让人吃惊的是，据说沃尔玛并没有把这件事交给别的公司去做，几乎都是自行解决。

沃尔玛的信息系统不只是像 POS 系统（Point of Sale System：销售点信息管理系统）那样通过收集顾客购买商品的信息来分析市场，它还是物流上的一种信息系统。举个例子，假如从制造商那里运来的商品要在物流中心入库。这个时候，这些商品的交货情况如何？怎样放到物流中心的手推车上？如何保管？在门店陈列商品时上架多少个？沃尔玛的信息系统对这些全都要掌握。

来自门店的订单，也是通过沃尔玛的"自动下单系统"完成的。根据公司总部积累的下单历史记录和营业额的信息，以及物流中心向门店供应商品的库存数量，该系统可以显示出各家门店应该下单的数量。

这种先进的物流信息系统，能使物流得到有效运用，降低成本，所以可以帮助沃尔玛推行 EDLP 策略。

EDLP 策略与物流互为表里

沃尔玛以物流中心为核心，通过开店的优势策略提高配送密度，并根据先进的物流信息系统进一步降低物流成本，以永久性地提供更低的价格来增加顾客的数量。良性循环带来的相乘效果，才是 EDLP 策略的真正价值。沃尔玛卖得越好，就越能把它强大的销售能力当作武器来提高它的采购能力，也越能从制造商等供应商那里拿到更便宜的进货价格。这样一来，沃尔玛就可以用更低的价格把商品卖给顾客，进一步增加顾客的数量。

"OK STORE"被称为日版沃尔玛，其销售武器也是永久性的低价策略。这家公司采用沃尔玛的 EDLP 策略后，近年来得到了迅速发展。2000 年开了 27 家门店，年营业额达 643 亿日元。2016 年，门店快速发展到 89 家，年营业额是 3067 亿日元。

2016 年 "OK STORE" 已经把门店开到东京、埼玉、千叶和神奈川等关东地区以及宫城等地，其开店的优势策略与沃尔玛一模一样。从不做特卖活动的 EDLP 策略，也慢慢在日本普及开来。

另一方面，最先实施 EDLP 策略的沃尔玛，2002 年与西友连锁超市展开业务和资本合作，利用西友的技术和信息系统，开始在日本发展业务。到 2005 年，沃尔玛通过进一步增加资本，收购西友作为自己的子公司、纳入到公司旗下，并由此对西友超市的陈旧结构进行改革，在当时的流行语 "KY"① 上植入 EDLP 的理念，创作了新 "KY"（Kakaku Yasui：价格便宜）的宣传标语，并降低了商品价格，不断推进西友超市朝着沃尔玛的模式发展。虽然西友超市不是上市公司，业绩并未公开，但它在竞争激烈的超市业中顽强拼搏，从 2009 年起，业绩与上一年同期相比，已经变为正数，并在持续不断地增加。

亚马逊的 EDLP 策略

亚马逊忠实地沿用了沃尔玛的 EDLP 策略，同时加快了自己的发展速度。为了实施 EDLP 策略，亚马逊花了 20 年的时间来

---

① KY：日文 "空気読めない（kuki yomenai）" 的英文缩写。意思是没眼色、不识趣、不会按照当时的气氛和对方的脸色来做事。

锤炼自己的物流系统。我们来回顾一下它的历史。

亚马逊上市是在 1997 年 5 月，不久之后的 1997 年 11 月，又在特拉华州的纽卡斯尔（Newcastle）建造了物流中心（19000 平方米），同时宣布将位于西雅图的物流中心扩大到原来的 1.7 倍（原为 4600 平方米）。目的就是让 95% 的订单能当天发货。另外，在设有新据点的美国东海岸散布着很多出版社，所以亚马逊计划将这个新物流中心的库存量增加到 20 万件。

最先实施这项计划的，是前面提到的负责沃尔玛物流的原副总裁吉米·莱特。亚马逊挖走莱特后，沃尔玛起诉他蓄意窃取商业机密和流通业信息，于是沃尔玛与亚马逊双方正式开战。遗憾的是吉米·莱特在亚马逊只待了一年就离开了，但显而易见，他让亚马逊早期的物流往前迈进了一大步。正如本章开头所说，莱特帮助亚马逊在乔治亚州的麦克多诺建造了第 5 座且是当时规模最大的物流中心（74000 平方米）。

沃尔玛出身的莱特，最大贡献是让亚马逊的物流中心能处理图书以外的商品。据说贝佐斯在物色莱特时，曾拜托他"请让我们公司能销售任何商品"。亚马逊从在美国创办时起，就设定了"世界上商品种类最丰富的在线商城"和"世界上最重视顾客的企业"两个企业理念，莱特的做法正是出于对前一个理念的追求。

千锤百炼的物流

吉米·莱特离开后，推进亚马逊物流系统继续改革的，是大制造商联合信号公司〔Allied Signal，即现在的霍尼韦尔（Honeywell）〕出身的杰弗里·威尔克（Jeffrey Wilke）。他率领的团队让亚马逊的物流彻底效率化。在丰富商品种类后，为了实现低价的目标，他在各个方面都细心钻研。

举个例子，威尔克开发了数学演算法，找到了解决物流课题的最有效的方法，比如应该把商品放在亚马逊物流网的哪个地方，什么时候存货比较好，怎样组合包装顾客订购的多个商品，等等。关于如何对顾客的订单进行拣货和包装的问题，他如是说：

"可以说我们是按照顾客的订单来拣货和包装的。相比零售业，这些作业更像是一个生产和组装产品的工厂。"（《一网打尽：贝佐斯与亚马逊时代》）

威尔克的这段话表明，网购物流中心的拣货和包装作业与原来的做法有很大区别。正是因为这样总体运营（Fulfillment）商品管理、拣货、包装和配送等作业的模式，亚马逊才将自己公司的物流中心取名为"运营中心"（Fulfillment Center）的。

亚马逊之后又陆续建设了很多物流据点，不断锤炼自己的物流系统。在新的系统下，顾客订购了多达四五件商品后，软件就会自动确认顾客的地址、订购的商品在物流中心的位置、发货时间等，并在考虑一切变数后，计算出"最快速""最便宜"的送货方法。

进一步优惠

亚马逊通过这样构建优秀的物流系统来降低物流成本，把省下来的钱继续用在物流上，而不是市场营销上，还在降低商品价格上花钱、想应对措施。这些都是亚马逊从沃尔玛那里学来的 EDLP 策略的实践内容。

例如，亚马逊开始实施"免运费"的活动，也是考虑与其把钱花在市场营销上，不如回馈给顾客。2000 年和 2001 年的节日季①，亚马逊推出了消费 100 美元以上就免运费的促销活动，结果大获成功，此后亚马逊就把它转变成一项持续性的活动。免运费的消费门槛一开始是 99 美元，后来不断下降到 49 美元、25 美元。

更具有象征意义的是"自动定价机器人"服务程序。这个程序是曾担任沃尔玛顾问的卡尔·拉曼（Kal Raman）设计的。他首先运用在沃尔玛时累积的经验，着手建造了一个数据系统。接着他又对系统进行改良，使用季节变动和过去的购买行为等

---

① 节日季：英文为"Holiday Season"，指从感恩节到圣诞节的这段时间。

各种变数，让亚马逊的顾客更愿意下单。

拉曼着手设计的就是这样一种"自动定价机器人"服务程序。这个程序会在网上调查竞争对手企业的商品价格，然后自动调整亚马逊的标价。对用户来说，这个程序很有吸引力，或许可以说，它是网购企业推出的 EDLP 策略的改进版。亚马逊采用这项自动制订比竞争对手更便宜的价格的机制，让我们明白了亚马逊把"最便宜"放在何等重要的位置上。

降低价格后，就会增加顾客的访问量，还会提高营业额。于是，作为固定费用的物流系统，其运营率也会上升，得到更有效的利用，甚至还能进一步降低价格。亚马逊把增加的利润用来建造物流中心，进一步充实商品种类，这样就会接着增加顾客的访问量，提高营业额。循环往复中，亚马逊的规模会越来越大。

会费制 Amazon Prime 的诞生

免运费服务是为了把市场营销费用回馈给顾客的一种服务模式，它催生了一项对亚马逊来说非常重要的服务，即 Amazon Prime 服务。Amazon Prime 的主意是亚马逊公司内部在反复进行免运费实验时想出来的，因为有些人比起价格来，更在意时间，于是亚马逊就成立了一个"快速配送俱乐部"。

这一点对于快递可以次日到达的日本来说，有点难以想象，但美国亚马逊一般配送服务的标准是 3~5 个工作日内送达。目前则是购买金额合计在 35 美元以上就免收运费。

与之相比，Amazon Prime 是一项不限下单次数、2 个工作日内（下单后隔 2 天）免费配送的服务。这项服务除了提供免运费和快速配送等物流服务外，还发展成了一种可以得到各种其他服务的会员制商业模式，比如能享受无限制免费看电影和电视节目的 "Prime Instant Video" 服务，能免费聆听数百万首音乐的 "Prime Music" 服务，等等。Amazon Prime 创立之初，年会费是 79 美元，但亚马逊在认识到这样确实可以抓住顾客的需求之后，在 2013 年把会费涨到了 99 美元。

惊人的 Marketplace 策略

为了实现亚马逊发展的两大驱动力——"商品种类"和"低价（EDLP）"，亚马逊用尽了浑身解数。之所以有此印象，是因为亚马逊在 2000 年引进了名为 "Marketplace" 的服务平台，其又被称为 "Third Party Seller（第三方卖家）" 平台。

拿图书来说，不论亚马逊以外的书店规模有多小，都允许它在亚马逊网站上架，和亚马逊的图书一起销售。亚马逊会在销售各种图书的网页上陈列亚马逊以外的卖家的图书，这是在过去零售企业中不可能有的惊人之举，这些书店不仅可以上架新书，还可以上架二手书。

例如，像第三方卖家 Book off 这样的新古书店①上架的书，会与亚马逊销售的新书排在一起，由顾客来选择到底是从亚马逊，还是从别的卖家那里购买。如果第三方卖家提供的商品更便宜，或者亚马逊已经脱销，顾客选择了第三方卖家，这种情况下，亚马逊的销量虽然减少了，却能从第三方卖家那里收到手续费。

创始人贝佐斯的想法是，"如果有比亚马逊卖得更便宜的卖家，就尽管让他们去卖，只要顾客满意就行。如果亚马逊在价格上输给了第三方卖家，就应该去想能够卖得更便宜的方法。只要第三方卖家能协助亚马逊丰富亚马逊没有的商品种类，顾客愿意使用亚马逊的服务，就够了"。

这一理念虽然确实明快，但也出现了不少反抗的声音。例如，美国出版商协会和作家协会就反对说，亚马逊优先推销二手书，妨碍了新书的销售，减少了付给作者的版权费。在自己店里被竞争对手抢走了顾客，这也给亚马逊公司内部带来了极大的冲击。另外，据说向亚马逊供应商品的供应商也有所不满。

———————————

① 新古书店：不同于以前的二手书店，是日本的一种新型二手书店，把收来的图书除污后再上架。

但是，贝佐斯根据"世界上商品种类最丰富的在线商城"和"世界上最重视顾客的企业"这两个企业理念，坚持运用 Market-place 服务平台，并在不久后渗透到了其他业务中。

由亚马逊代理物流业务

不仅是销售商品的网页，亚马逊还开放了自己公司的物流中心，供其他公司使用。这就是"FBA"（Fulfillment by Amazon）服务。亚马逊的这项服务不仅帮助第三方卖家下单和结账，甚至还代劳解决物流方面的问题。

第三方卖家在 Marketplace 上架商品或开店，都会把商品保管到亚马逊的仓库。从顾客那里接受订单、结账和发货也都由亚马逊的员工来完成，顾客对配送进度的询问也由亚马逊的客服来应对。也就是说，第三方卖家从发货到客户应对，所有的物流功能都可以委托给亚马逊。

对于第三方卖家来说，这有很大的好处。例如，顾客询问商品何时送达等与发货相关的问题，全都能交给亚马逊来处理，于是减少了第三方卖家的劳动力。另外，亚马逊的物流中心（运营中心）周六、周日都在运营，所以还能减少"周末着急想要，但没办法立即送达就想取消"的顾客的流失。

实际上，据调查，很多网店采用 FBA 后都提高了销量。就实际业绩来说，据说约有八成网店提高了业绩，约有三成网店使用 FBA 后，营业额增加了 50% 以上。

向其他公司开放物流服务

第三方卖家的营业额为什么会提高？因为用户用惯了亚马逊的网页，认为第三方卖家具有同样的服务水平，买得放心。实际上也曾有人说过，有用户将第三方卖家在 Marketplace 上架的商品加入购物车，准备下单前，发现它不采用 FBA 而放弃下单的情况。

另外，FBA 也适用于 Prime 会员优先快速送达的服务，在用户订购多个商品时，亚马逊销售的商品和第三方卖家的商品可以合并包装，一起发货。

亚马逊对第三方卖家的收费方式非常独特，没有固定费用，只有根据商品尺寸和保管天数收取"库存保管手续费"和"代为配送手续费"等可变费用。保管费用根据保管商品的体积按天计算，配送手续费则是以每件商品的金额为基准，按照重量加收费用。不是每个月收取固定费用这一点，对于委托一方的中小型网购公司和制造商来说，不会造成资金压力，非常受欢迎。

从 2009 年起，FBA 还增加了"Multichannel"服务。这项服

务可以把乐天市场或雅虎商城销售的商品，从亚马逊的运营中心发货，并统一管理库存。不过现状是，第三方卖家由于不想让亚马逊知道自己公司的畅销商品，大多会委托给其他专门负责快递的物流公司。

亚马逊在完善好自己公司的物流系统后，就把 FBA 之类的物流系统平台提供给第三方卖家使用，这样也同样能盈利，甚至还能提高物流中心的运营率，进而提高效率。

FBA 这样的机制，现在已经与商城型购物网站的乐天、雅虎有了明显的区别。对于中小型网购公司来说，把物流功能委托给 FBA 有很多好处，FBA 有很高的利用价值。乐天打算模仿这种做法，因此设立了乐天物流子公司，然而如第 1 章所述，这个做法并没有如期进行下去。

依靠亚马逊

第三方卖家使用 Marketplace 的功能在亚马逊开网店，通过 FBA 把物流功能交给亚马逊，利用亚马逊的销售能力，就能明显提高营业额。这样看来，使用亚马逊好处多多，一开始亚马逊可以成为第三方卖家提高营业额的强有力的伙伴。听起来不错吧，但事实上商业活动并没有那么简单。

虽然目前第三方卖家比亚马逊卖得更便宜，但是不清楚亚马逊什么时候就会以更低的价格来销售同样的商品。因为亚马逊可以运用物流优势创造规模经济，所以能卖得更便宜。

就算第三方卖家销售亚马逊没有的商品，情况也一样。一旦亚马逊没有的商品成了第三方卖家的畅销商品，亚马逊就有可能大量采购，开始卖起这种商品来。"世界上最重视顾客的企业"是亚马逊的企业理念，亚马逊肯定会为了顾客进一步降低价格。

一开始，亚马逊巧妙地让第三方卖家尝到甜头，通过提高第三方卖家的营业额来吸引他们。第三方卖家明白，如果撤出亚马逊，自己的营业额就会下降，所以因为必须依靠亚马逊而无法抽身。对第三方卖家来说，便利的 Marketplace 和 FBA 背后，隐藏着非常高的风险。

2015 年，亚马逊开始推行"图书收购服务"，即使只有一本书，亚马逊也能以定价收购，并且免费上门取货。虽然是用在亚马逊网站上可以使用的代金券来支付钱款，但在介绍网页上明确写着，收购中心在 24 小时以内就能完成审查和支付。这项服务明显是在与以前在亚马逊上开店的二手书店竞争。像 Book off 这样的连锁新古书店暂且不提，对于个体经营的二手书店来说，与物流服务和规模远超自己的亚马逊正面对决，几乎没有胜算。

图书不过是其中一例。据我所知，甚至有网购公司发现，亚马逊某一天突然以更低的价格，销售起自己原本在亚马逊上架的商品来。这家网购公司也只好降低价格来应战，于是利润就大幅缩水了。亚马逊运用自动定价机器人，很快就会毫不留情地把价格降到让中小型网购公司亏本的地步。这些情况虽然是个案，但我们要知道，亚马逊在提供便利的同时也有它的可怕之处。

靠蛮力打倒竞争对手

在美国有一件让人感受到亚马逊可怕之处的案例。Diapers.com（由 Quidsi 公司经营）是一家销售纸尿布、奶粉、婴儿服和婴儿车的购物网站。

像纸尿布这类体积大而单价低的商品，过去被认为不适合网购，就算配送到家也不会赚钱。Diapers.com 努力研发出了每个订单尽可能挑选小箱子包装的系统，尽可能降低了发货的体积和重量，并建立了降低成本的物流系统。由于亚马逊的商品种类过多，不容易选择箱子的大小，于是 Diapers.com 趁机顺利提高了自己的营业额。

贝佐斯盯上了这一点。2009 年亚马逊向 Diapers.com 提出收购建议。但是 Diapers.com 希望独立经营，拒绝加入到亚马逊旗下。

不久后，亚马逊降低了纸尿布等婴儿用品的价格，最大降幅高达 30%。或许亚马逊的自动定价机器人已经锁定了 Diapers.com 的价格，一旦 Diapers.com 降价应战，亚马逊也会跟着降价。面对亚马逊不惜亏本打价格战的 Diapers.com，之后的发展速度开始变慢。

2010 年，亚马逊宣布了一项新服务，是面向新手父母的"Amazon Mom"。一旦成为会员，新手父母就能享受亚马逊定期优惠配送的服务，原本已有折扣的纸尿布等消耗品，还能进一步享受 30% 的优惠。就纸尿布而言，1 袋帮宝适的价格在 Diapers.com 是 45 美元，亚马逊则是 39 美元，亚马逊的定期优惠配送服务，使其进一步降到了 30 美元以下。据 Diapers.com 估算，光是卖纸尿布这一项，亚马逊在 3 个月内就亏损了 1 亿多美元。

结果这一年，Diapers.com 只好决定转让公司。亚马逊和零售业巨头沃尔玛还就此有过一场拉锯战，最终亚马逊成功收购了 Diapers.com（以上经过在布拉德·斯通的《一网打尽：贝佐斯与亚马逊时代》一书中有详细描述）。听了这段经过，除了说亚马逊是"靠蛮力打倒竞争对手"外，我想不出别的词来。

由竞争意识产生的电子书服务

亚马逊的电子书服务 "Amazon Kindle" 也是为了不让竞争

对手抢走电子书市场而由竞争意识产生的一项服务。出人意料的是，这次的竞争对手竟是史蒂夫·乔布斯（Steve Jobs）带领的苹果公司。

苹果公司 2001 年首度发售的数码音乐播放器"iPod"陆续推出新的型号，销量也在逐年增加。由于 iPod 能连接在电脑上，免费提供整理和传输歌曲的软件"iTunes"，可以给用户提供方便，所以确实获得了市场的青睐。

2003 年形势发生了变化。苹果公司开始通过管理歌曲的 iTunes，推出 99 美分下载一首歌曲的销售服务。随着 iPod 的普及，歌曲猛然畅销起来，苹果公司的歌曲营业额也因此超过了大型 CD 连锁店，一度位居世界首位。对于早期以销售图书和 CD 为收益支柱的亚马逊来说，苹果公司在销售音乐方面的领先地位，无疑给自己带来了危机感。

继音乐之后，苹果公司又推出了电影等视频播放服务，眼看着迟早会介入电子书的销售市场，情况紧急，于是亚马逊的贝佐斯急忙在电子书服务的开发上下力气。Kindle 由此诞生。这是一项以销售电子书，并以电子书阅读器（专用终端设备）为主，同时能通过电脑、手机和平板电脑阅读电子书的服务。2007 年第一代电子书阅读器"Kindle 1"问世后，也和 iPod 一样，陆续推出了很多新型号，扩大了用户群。

苹果对战亚马逊

Kindle 是一项非常具有亚马逊特色的电子书服务。

举一件早期很有名的事例,在美国《纽约时报》上有过介绍,通常要 25 美元的畅销新书,Kindle 的电子版只卖 9.99 美元,价格便宜,所以亚马逊的电子书普及开来。亚马逊不经过事先商量就对新书打折,因此与出版社之间的争论愈演愈烈。在各个领域都能看得出,亚马逊宁可亏本也要以低价做武器,想方设法提高市场占有率。

之后的 2010 年,苹果公司开始发售平板电脑"iPad",试图与大型出版社联手反击,甚至到了打官司的地步,苹果公司与亚马逊再次竞争起来。虽然没有明确的数字作证,但一般认为,目前亚马逊的 Kindle 在电子书市场的占有率相当高。

Kindle 电子书阅读器是非常具有亚马逊特色的终端设备。Kindle 靠无线传输能在 60 秒内下载完一本书。亚马逊非常重视尽早将电子书传送到用户手上,这一点与它在网购领域一直追求物流速度一样,都是亚马逊的特色。

另外,亚马逊在收取相当于网购运费的资料传输费上,也非常独特。电子阅读器 Kindle 除了有用户靠自己连网的"Wi-Fi 机型"外,还有可以选择价格稍高但在全球上百个国家和地区都能免资料传输费的"3G 机型"。使用"3G 机型"的 Kindle,

用户在购买电子书时不用在意资料传输费（运费）。亚马逊为此承担的资料传输费，金额可能相当高，但亚马逊优先考虑不让顾客担心而放心购买这一点，可以说非常具有亚马逊的特色。

亚马逊第一家实体店

在亚马逊的创始业务"图书销售"领域，最近出现了一个值得关注的动态，就是以购物网站为主线一路扩大业务的亚马逊，开设了第一家实体店。

2015 年 11 月，就在亚马逊的创业地——美国西北部最大的城市西雅图，亚马逊开设了一家实体书店"Amazon Books"。数千本书密集排列在大约 1500 平方米的书店里，其特点是，在显眼的位置摆放着用户评价甚高的图书。在亚马逊的网站上，读者可以写自己对图书的感想（评论），还可以给予从一星到五星的 5 个等级的评价。亚马逊根据读者的评价来选择图书放在书店里。

虽说书店具有亚马逊的特色，但乍一看很普通。亚马逊第一次开设实体店的意图是什么？一向带有神秘感的亚马逊并没有透露太多信息。也正是因为这样，据美国《华尔街日报》报道，运营亚马逊购物中心的一位首席执行官（CEO）曾发言称："亚马逊或许将会开设 300~400 家实体书店。"此后，亚马逊一

照片 5　Amazon Books 的实体店

度引起轰动，大家纷纷猜测其他书店最终会因此被逼上绝路（之后该发言被撤回了）。这件事足以说明亚马逊在美国到底有多强大。在我撰写本书时，Amazon Books 正在计划开设第二家实体店（2016 年 8 月）。

　　亚马逊开设实体店的这一新动向，究竟有什么意图？虽然可能有各种解释，但如果结合本书的主题来思考，我认为，这毫无疑问意味着亚马逊早已不满足于只停留在线上了。为什么？因为对于物流技术不断成熟的亚马逊来说，线下是能带来进一步发展的新领域。物流的规模越大，就越会受到锤炼。亚马逊把在线上培养起来的物流技术带到线下，将掀起新一轮的物流革命。

沃尔玛对抗亚马逊的策略

亚马逊向线下发展，意味着将与 EDLP 策略的先驱、荣登世界最强连锁超市宝座的沃尔玛展开一场正面对决。

如本章开头所述，沃尔玛也设立了 Walmart.com，进军网络销售市场，在电商市场中，也取得了仅次于亚马逊（795 亿美元）和苹果（206 亿美元）、世界排名第三的成绩，营业额为 121 亿美元（引自 Internet Retailer "2015 年电商企业五百强"）。但是，沃尔玛在网络销售领域距离亚马逊还差得很远，呈现出不断追赶之势。

在亚马逊的连续攻势下，沃尔玛将采取什么样的对策呢？我们接下来深入考察一下沃尔玛的对策。

Walmart.com 的物流中心，有 8 座是网购专用的配送中心，有 158 座是作为门店供应中继站的物流中心，在有效利用各门店的库存方面也起到了积极的作用。沃尔玛对抗亚马逊的策略中最有特点的是，利用这些原有的物流网与门店网，以及扩充收件专用的设施。

例如，沃尔玛有一种"门店配送（Ship from Stores）"服务，是指顾客在网上订购的商品，由门店拣货后进行配送。也就是说，将门店作为库存点和网购的配送据点来使用。这样不仅可以缩短配送线路，还会降低运送成本。

另外，沃尔玛还有一种"到店取货（Site to Store）"的服务尝试，是指顾客可以到最近的沃尔玛门店免费取在 Walmart.com 上订购的商品。如果选择在店内柜台取货，时间限于早上 10 点到晚上 10 点；如果选择在专用储存柜取货，全天 24 小时都可以。

对取货方式的改进

沃尔玛的到店取货方式也在逐步改进。已不需要把车停到门店的停车场再走到店里的取货柜台处，越来越多的门店开始提供顾客把车开到地方"不下车就能取货"的服务。

这项"不下车就能取货"的服务，主要针对的是购买食品的顾客。购买食品的顾客通常想立即拿到商品，或者想规避掉配送生鲜食品所需的高昂运费。越来越多的食品店开始采用这项服务，作为应对这些顾客需求的方法之一。

沃尔玛在开发门店以外的取货地点方面也很积极。2014 年开设的第一家新型业态商店"Walmart Pickup Grocery"就是其中一例。这是一种与网络联动的"不下车就能取货"的商店，顾客在网上订购商品后，就可以去作为库存点的专用物流中心旁边那个"不下车就能取货"的专用空间取货。顾客只要把车开到跟前，不用下车就可取走商品，十分方便。

适用商品以食品为主，约有 1 万件商品，顾客下单后，最快两个小时就能取货。从门店一方来看，这既能简化收银台等门店的设施和商品上架之类的作业，与网上超市相比，还能节省配送成本，很有好处。

以门店为主线的物流网

可能最在意亚马逊的沃尔玛，研发了一项新服务叫"Shipping Pass"。Amazon Prime 是 2 个工作日内（下单后隔 2 天）免费配送的服务，沃尔玛的 Shipping Pass 也是只要缴 49 美元年费就能享有 2 个工作日内免费配送的服务。沃尔玛有 8 座网购专用的物流中心、5000 多家实体店和 7000 多辆货车，计划运用自己公司的这些物流网来逐步扩大这项服务。

原有的物流网也会成为沃尔玛的武器。沃尔玛已经开始尝试与较大的实体店，以及其周边的中小型实体店共享商品库存。大型实体店和中小型实体店能容纳的库存量原本就不一样，沃尔玛的想法是，小型实体店从一开始就不储备不易移动、占空间的商品，需要这些商品时，再从大型实体店的库存里调货，这叫"Tethering"。利用好大、中、小不同规模的实体店，来全面覆盖美国，是沃尔玛已经开始的挑战。

生鲜食品领域的激战

2007 年 8 月，亚马逊开始关注由自己公司的快递提供服务的"当天下单当天送达（Same - day Delivery）"的生鲜食品市场，并在大本营西雅图进行试验。虽然短期内没有明显进展，但到了 2013 年，亚马逊正式启动了"Amazon Fresh"服务，这意味着亚马逊要与以生鲜食品为主业的连锁超市沃尔玛展开正面对决。

第 1 章提到过，以网购初创企业的 Webvan，经营的正是网上超市，在 20 世纪 90 年代末曾筹措巨额资金建造大型物流中心，一开始声势浩大，却惨败而终。网上超市贩卖的肉类、鱼类、蔬菜和水果等生鲜食品，保鲜难度大，配送速度要求高，需要发达的物流系统。因为是食品，所以顾客购买的频率很高，商品的单价却很低，可以说，也只有像沃尔玛这样的大型连锁超市才有可能从中获利。

Amazon Fresh 在大城市不使用外面的快递公司，从与送快递的司机签订合同到储备货车，全都由亚马逊自己负责最后一哩的配送服务，将商品直接送到消费者手上。目前，在西雅图、旧金山、洛杉矶、圣地亚哥、纽约、费城等大都市圈都提供这项服务。

Amazon Fresh 需要的年会费是 299 美元（包含 99 美元的

Amazon Prime 年会费），稍微有些贵。这一系统规定，当天上午 10 点以前下单会在下午 6 点前送达，晚上 10 点以前下单会在第二天上午 7 点以前送达。采取的策略是，大城市由自己公司负责配送，其他地方则交给别的公司负责，亚马逊采取由自己公司配送最后一哩，理由是，当配送商品超过一定数量时，比委托给其他公司更能控制成本，这样就能盈利更多。

Amazon Fresh 适用的商品除了生鲜食品外，还有日用品、宠物相关商品、畅销图书、文具用品、玩具等，多达 50 万种。最低消费是 50 美元，顾客可以选择冷冻、冷藏或常温配送，也可以指定是以 1 小时为单位的"送货到手（Attended Delivery）"还是以 3 小时为单位的"送货到家（Doorstep Delivery）"的收件方式。

意料之外的竞争对手

另一个值得注意的是，Amazon Fresh 是和当地的专卖店（实体店）联手建设的。亚马逊与当地的面包店和蛋糕店等联手，共同销售当地的商品。在网购领域，有和其他网购公司合作的 Marketplace 和 FBA 模式，Amazon Fresh 也采取了同样的合作模式。我觉得，亚马逊的这种模式本质上是在意识到这类物流公司的优势的基础上建立起来的。

　　但是，亚马逊这一新做法招来了意料之外的竞争对手——搜索引擎巨头谷歌。

　　提到谷歌，它绝对是搜索引擎的龙头老大，但实际上在消费者购物时使用的搜索引擎方面，谷歌落后于网购巨头亚马逊。2010 年顾客购物时使用谷歌搜索关键词的占比是 71%，经过短短几年便锐减到 17%，反而是使用亚马逊搜索的占比在激增。谷歌的主要业务是广告，照这样下去，恐怕会影响广告收入，于是，谷歌更改了搜索结果的演算法，优先显示出购物网站的搜索结果，以此来体现对为让用户方便网购的重视。

　　谷歌进一步仿效亚马逊，也推出了一项名为 "Google Express" 的当日配送服务。这项服务的模式是，只要每月缴纳 10 美元或者每年缴纳 95 美元的会费，一次消费 15 美元以上，就可以免运费。会员下单时会自动显示可配送的时间，还可以指定星期几和一天中的哪个时间段配送。这项服务适用的商品主要是零食、罐头、日用品、文具等不易腐烂的商品，只有一部分是生鲜食品。谷歌与会员制批发商场好市多、折扣店 Target、药店 Walgreen 和玩具专卖店 Toys "R" Us 合作，可提供大约 50 万种商品。

谷歌与亚马逊的对战

　　Amazon Fresh 配送的是自己公司和合作的零售店的商品，

Google Express 则是先到当地合作的零售店拣货，再送到顾客指定的地点。负责 Google Express 这项服务最后一哩的是与谷歌签订合同的快递员。这些快递员开着带有 Google Express 标志的专用配送车到各门店拣货后，再送到顾客的家门口。谷歌负责结账和配送，至于商品，则是到与其合作的零售店去拣选，这样谷歌就能实现当日配送服务。

到目前为止，谷歌仅在旧金山、硅谷、洛杉矶（西部）、纽约曼哈顿、芝加哥、波士顿和华盛顿等大城市开展这项服务。合作的商店是在谷歌营运的虚拟商业街开网店的当地超市和零售店等，因此，地区不同，顾客能购买的商品也有所不同。

谷歌通过与零售业商家合作，让当地的商店充当自己的库存点。这样一来，谷歌就不需要自己进行库存管理，也没有必要另外建造大型的物流中心。它最大的特点就是，不用像亚马逊那样投入巨资，也能快速开展网购业务。

不过这种做法的缺点是，因为是在合作的零售店拣选商品，所以配送区域受到了限制。又因为区域不同，谷歌能拣选商品的商店有差异，所以商品种类也参差不齐。如同我们在乐天等商城型购物网站和亚马逊等综合型购物网站的差异中看到的一样，从快速开展业务这一点上来说，不设置物流中心的 Google Express 或许更胜一筹，合作方和商品种类都在增加。但是，因为快递员必须到各家商店来回跑，长期来看，Google Express 的物流效率不如拥有自己的物流中心的 Amazon Fresh。

　　前几天，我拜访了世界 IT 企业密集的美国加州帕罗奥图小镇（Palo Alto）。在考察之余，我到一家星巴克休息，在露天咖啡座喝咖啡时，发现带有 Google Express 标志的货车从眼前频繁地开过去。毫无疑问，在帕罗奥图，Google Express 已经非常普及。正因为谷歌在网络领域具备了压倒性的优势，Google Express 今后的发展也会更加引人注目。

最新的购物科技

　　谷歌与亚马逊两者的竞争还有一个方面。这次先出手的是亚马逊。2014 年，亚马逊发售了一款用来辨识语音的装置 "Amazon Echo"。我们想象一下最近的智能手机里常见的、像苹果 "Siri" 之类的私人助手，就很容易明白 Echo 是干什么的了。Echo 的形状像圆柱形的水杯，随时保持连接网络的状态，具有语音辨识的功能，如果你对它说"今天天气怎么样"或者"请告诉我……"，Echo 就会自动在网上查询，然后通过语音告诉你答案。Echo 还有提供亚马逊采购清单的功能，这些清单也能在智能手机上查到。2014 年亚马逊推出 Echo 后，在美国广受好评，销量突破 300 万台，非常畅销。

　　不甘落后的谷歌也正在开发类似的语言助理装置"Google

Home"。这场 IT 业界巨头之间相互竞争的最新动态不容忽视。

此外，亚马逊还运用最新科技开发了一个名为"Amazon Dash Button"的一键购物按钮。Dash Button 正如其名，就是一个拇指般大小的按钮。在亚马逊的购物网站象征着方便性的功能中，有一个"一键下单（1-Click）"的功能，只需点击一下，就能一次完成下单、指定寄件地址和结账的所有作业流程。Dash Button 是"一键下单"的改进版，不需要通过电脑或者智能手机，只需要按一下这个按钮，就能根据事先设定好的内容完成订单，是具有划时代意义的工具。洗涤剂、化妆品、饮料等日用品的商品品牌，都加入了 Dash Button 的购物平台。

以科技的观点来看，Echo 是"AI"（Artificial Intelligence：人工智能），Dash Button 是"IOT"（Internet of Things：物联网），其物流策略包括接单到配送。这让我们体会到，亚马逊既是一家物流公司，也是一家科技公司。

沃尔玛最大的收购案

本章主要通过线下霸主沃尔玛和线上巨头亚马逊，各自运用历经千锤百炼的物流技术，进行跨界竞争的现状，解读了美国的最新物流状况。沃尔玛涉足购物网站，亚马逊进军实体店，各自都在蠢蠢欲动。

就在最近，沃尔玛又有了大动作。2016 年 8 月，沃尔玛宣布，将以大约 33 亿美元的价格收购以网购初创企业的 Jet.com。这是沃尔玛在美国的一次最大规模的收购案。

Jet.com 是举着要扳倒亚马逊的大旗，在 2015 年 7 月刚开业的一家有前途的新兴企业。创始人竟然是共同创办过婴儿用品购物网站 Diapers.com 的创始人之一。如前所述，Diapers.com 在与亚马逊的价格战中被收购。事实上，Jet.com 被很多企业看好，它在很短的时间内，就筹集到了大约 565 亿日元的巨额资金。

被称为亚马逊克星的 Jet.com 采用的商业模式非常大胆——不用信用卡而是用借记卡来付款，就可以打折，每多买一件商品，折扣的力度就越大，一加入购物车，就会自动降价。Jet.com 对退货的想法也很有趣，在支付页面会显示"如果放弃免费退货，就会减价 0.05 美元"的内容。对购物网站来说，一旦退货，从处理到库存管理就很花时间，非常麻烦。所以，请顾客放弃免费退货，同时给顾客降点价的做法，很合理，并且具有划时代的意义。

亚马逊的克星 "Jet.com"

Jet.com 商业模式的最大特点是完全采用会员制。说到会员制的零售企业，颇有名气的是美国的好市多，它在日本也越来越有知名度。Jet.com 也引进了与好市多相同的模式，其利润结构是，将毛利润用于销售管理，把顾客缴纳的 49.99 美元年费作为公司的利润，并将省下来的其他成本全都用在减价上。

Jet.com 的 CEO 马克·洛尔（Marc Lore）认为，Jet.com 是一家最重视"价格"的网购公司。不先考虑重视当天或 1 小时内配送等服务的比较富裕的人群，而是始终贯彻"价格才是顾客的需求"的想法对商品降价，将中产阶级视为客户群，Jet.com 用这样一种策略来挑战亚马逊。

根据沃尔玛公布的资料，2016 年 8 月收购 Jet.com 时，Jet.com 平均每天销售 25000 件商品，每月有 40 万人次的访问量。对于彻底提高物流效率并靠 EDLP 策略来竞争的沃尔玛来说，Jet.com 或许是一家与自己非常投缘的网购公司。

在网上，一场由沃尔玛对亚马逊发起的逆袭或许已经开始。在这场争霸赛中，面对充分活用实体店的沃尔玛以及用低价锁定顾客的 Jet.com，亚马逊靠的是购物网站的便利性和精致的细节来取胜。美国的沃尔玛与亚马逊之间的这场对决，着实让人目不转睛。

日本有没有能与亚马逊对抗的策略？我想在下一章通过多家企业在物流方面挑战亚马逊的具体案例，来思考一下这个问题。

第 3 章

物流大战的序幕

——与亚马逊竞争的三个策略

日本的网上超市

前一章主要描述了美国连锁超市沃尔玛与综合型购物网站亚马逊两家企业的竞争关系，本章我们首先来看看日本网上超市的现状。

沃尔玛通过提供配送到家、到门店取件和不下车就能取货等多种服务，让顾客在网上购物变得更方便。但是，日本的网上超市却仍然停留在只能配送到家这一种方式上，达不到人尽满意的水平。

据推算，2015 年日本网上超市的市场规模已突破 1000 亿日元大关（《富士经济》的调查），预计今后还会飞速增长，但目前大部分网上超市仍然赤字，可以说仍处于投资阶段。

2014 年，有一家网上超市还没有在市场上站住脚就已经消失了，它就是"SUMMIT 网上超市"。SUMMIT 网上超市并不是由 SUMMIT 公司自身经营，而是由住友商事的全资子公司"住商网上超市"负责经营。SUMMIT 的股东是住友商事，所以本质上就是同一家公司。SUMMIT 在 2009 年开始实施这项服务，短短 5 年内就退出了市场。SUMMIT 网上超市为什么会失败？我们在考察原因之前，先来看一下日本网上超市的市场总体情况。

从 2000 年西友成立网上超市后，2001 年伊藤洋华堂和泉屋（Izumiya）、2003 年 Maruetsu、2006 年大丸 Peacock、2008 年永旺（Aeon）、大荣（Daiei）等大型综合超市也竞相进入了网上超市的市场。

门店型网上超市与中心型网上超市

网上超市大致分为两种运营模式。

一种是网上超市接到订单，到顾客附近的门店拣货后再配送的"门店型"，另一种是从专用的物流中心发货的"中心型"。

门店型网上超市可以依赖门店的库存，初期投资少。但是，作为配送据点的各家门店需要拣选和包装下单商品的工作人员，以及将商品配送到顾客家的车辆等，很容易增加成本。

而中心型网上超市的作业流程都是在同一个地方完成，好处是能控制管理成本，在一定程度上还容易保证商品归类、订单处理、商品配送的服务质量。但是需要新建专用的物流中心，投资会变大。另外，要想让物流中心高效运营，还需要有很多订单。

很多网上超市在初期都是从投资少的门店型开始的，但在网上接单量不断增加的过程中，也有越来越多的企业转向了中心型。美国沃尔玛同样也在 158 座物流中心之外，新建了网购专用的物流中心。我在美国参观了亚马逊等很多物流中心，发现几乎都设置了网购专用的物流中心。

这种想法的进一步延伸是网上超市专营店"Dark Store"，意思是"隐形的门店"，它是网上超市发货的专用库存点，是具备物流中心功能的门店。在这种物流中心内部，像超市一样摆放着商品，外观看起来是一个仓库，一般顾客进不去，因此而得名。通常设置在很多顾客会使用网上超市的地区，但同为顾客不会到店里来，所以也可以设置在没有区域优势但地价很低的地方。

SUMMIT 失败的原因

先行发展的网上超市主要采取初期投资少的门店型模式，而 SUMMIT 网上超市为了在竞争中与其他企业区别开来，在首都圈开了第一家采用中心型模式的网上超市。目标是把它打造成创业 10 年内营业额达到 1000 亿日元的企业，并计划在 2014 年实现盈利。为此，SUMMIT 在江古田配送中心（东京都中野区）、尾山台配送中心（东京都世田谷区）和横滨配送中心（神奈川县横滨市）等 3 个地方设置了配送据点，并对物流中心投入了大额资金。据说投资额高达 250 亿日元之多。

SUMMIT 网上超市在东京和神奈川拥有大约 30 万名会员，

但会员数好像没有增加到自己的期望值。SUMMIT 在首都圈虽有 100 多家门店，吸引顾客的能力却无法和伊藤洋华堂、永旺等大型商店相比，同时也没有更多机会让潜在的顾客来使用网上超市。

一般认为，SUMMIT 失败的原因在于"缺乏主动的用户"和"免运费增加了成本负担"等，但我认为，最根本的原因还是对物流中心的初期投资过大。第 1 章也曾提到，网上超市的先驱 Webvan 对物流中心的初期投资过大，导致事业受挫，栽了个大跟头。就物流而言，一方面需要长期运营，另一方面订单过少本来就无法提高效率。

SUMMIT 网上超市由于物流成本增加，每年出现超过 10 亿日元的赤字，根本无法实现盈利，所以最终提前退出了市场。我绝不认为采取中心型的模式是错的，但想必是因为赤字实在太大，无法向股东交代，才退出了市场。像亚马逊的贝佐斯那样能用远大愿景说服股东的情况另当别论，但要让股东对如此巨额的赤字置之不理，恐怕很难。

2012 年乐天的网上超市"乐天超市"也突然扩大了规模，结果也是失败了。乐天超市从包括 1 都 7 县在内的关东地区出发，通过在山手线的电车等交通工具上发广告来推广业务。但是，由于投资负担过重，2015 年就把用自己公司的货车配送商品的服务委托给了快递公司。事实上，乐天超市就是将营运方针从下单当日配送的网上超市转换成食品网购的公司。

幸存的网上超市

在美国，虽然 Webvan 破产了，但也有网上超市存活了下来，它就是 1996 年开始经营网上超市的"Peapod"。在互联网泡沫破裂后，Peapod 曾经处于股价减少一半、几近破产的状态，但是经荷兰的大型零售企业"Royal Ahold"（现为 Ahold Delhaize）收购后，成功完成了重塑。

决定 Peapod 胜负的关键是物流战略。Webvan 对单个物流中心的投资就高达 250 亿日元，而 Peapod 却将投资的金额控制在 20 亿日元左右。特别重要的是，Peapod 转变了两个方针。一是放弃在整个美国开展业务，将业务锁定在特定的区域内；二是放弃免运费的服务，进行收费。Peapod 通过合理的发展策略，锤炼了自己的物流技术，有很多值得日本网上超市学习的地方。

另外，Royal Ahold 与在美国发展"Stop & Shop"和"Giant Food"等超市的大型连锁企业合作，很好地运用了门店型和中心型两种模式。在网上超市不断扩大的过程中，Royal Ahold 选择了各阶段相应的模式，并以合适的规模构建了自己的物流网。

Peapod 现在用起来仍然非常方便。

例如，顾客在收件时，除了选择配送到家外，还可以选择

照片 6　Peapod 的配送货车

在任何一个 Peapod 的 "Pickup Point" 收件。在 Pickup Point 收件，可以事先指定收件的地点和时间，费用也很合理。配送到家时，根据购买商品的金额，运费 6.95~9.95 美元，如果不指定具体的时间段，时间区间比较宽泛，就相应地给予 2~5 美元的折扣。因为顾客不指定时间段，对 Peapod 来说更能提高配送效率。另外，如果选择在 Pickup Point 收件，运费会便宜到 2.95 美元。

2010 年，Peapod 抢在其他公司之前，率先提供了智能手机和平板电脑上的 APP 服务。据说 Peapod 目前在移动设备上的营业额约占全部营业额的 40%。

我在前往美国调查物流情况时，也试着在 Peapod 上订购了商品，对它细致的服务感到非常惊讶。取货当天的通知非常细心，我接连不断地收到"您的货物即将送达""您的货物已经送达"之类的短信。当我去 Pickup Point 取货时，看到笑容甜美的货车司机正站在 Peapod 配送货车一旁等待。我看了一下配送货车内的装货台面，发现 Peapod 的物流系统的确很厉害。

成功的关键是"小商圈×短期"

目前日本营业额最大的网上超市是伊藤洋华堂。在从事网上超市的企业中，伊藤洋华堂迅速实现了盈利。伊藤洋华堂在全国 185 家门店中，有 145 家开展了网上超市的业务，营业额飞速增长。2007 年 2 月的营业额是 50 亿日元，会员人数 17 万；到 2015 年 2 月，营业额达到 500 亿日元，会员人数增加到 200 万。计算得知，伊藤洋华堂大约占了日本网上超市的半壁江山，市值高达 1000 亿日元。

2015 年，伊藤洋华堂在东京都内开设了第一家网上超市专营店"Seven&i 网上超市西日暮里店"，大约有 10000 种商品。这家专营店每天最多处理 2000 个订单，大约相当于门店型网上超市的 5 倍。伊藤洋华堂的目标是，通过灵活结合门店型和中心型的模式，独立完成 1000 亿日元的营业额。

伊藤洋华堂网上超市的发展很是稳健。门店型模式下的订单变多，从事拣货和包装作业的员工负担就会增加，效率就会变低，此时伊藤洋华堂就变成中心型模式。在设置物流中心时也会着重考虑要有一定程度的运营率。

通过 SUMMIT 网上超市和 Webvan 的失败案例，以及 Peapod 和伊藤洋华堂的成功案例对比来看，网上超市成功的关键在于"如何在小商圈短期内获得会员"。

强调小商圈，原因是配送效率。第 1 章提到过连一瓶啤酒都免费配送的 KAKUYASU，其配送范围是"距离门店方圆 1.2 千米的物流圈内"，而多是发端于门店型的网上超市，或许也应该从小商圈做起。

另外，网上超市需要专门的作业流程，如果订单过少，就会不划算。所以需要在运费上下功夫，最好在短期内争取到一定数量的会员。SUMMIT 网上超市的模式是，必须达到 3000 日元以上才能下单，订购金额在 5000 日元以上才能免运费，这对顾客来说并不方便。

网上超市刚刚起步

2015 年，日本超市的总营业额是 13 兆 1682 亿日元（日本连锁商店协会的调查）。网上超市仅占了其中的 1000 亿日元，尚处于初期阶段。在美国，沃尔玛和 Peapod 提供了配送到家以外的收件方式，日本的网上超市却几乎不提供这类选项。如今，日本还没有出现像美国沃尔玛一样强大到能与亚马逊对抗的竞

118

争对手。

亚马逊正在探讨是否将美国试行的生鲜食品快递服务"Amazon Fresh"也引进到日本来。据说，亚马逊计划把在 2016 年秋天开业的新物流中心的一楼，作为处理冷藏货物的仓库。但是，超市对销售的生鲜食品的新鲜度很难管理，物流系统也与一般商品不同，所以亚马逊有可能会延期设置这样的仓库。

网上超市的市场确实在扩大，有可能会一下子普及开来。所以，学习前人多次成功和失败的经验教训，切实从小商圈争取顾客，是首要的任务。

另一方面，亚马逊在日本 2015 年度的营业额超过 1 兆日元，在零售业排名第八，存在感正在飞速增强（日本经济新闻社的调查）。有没有企业能站出来与之一较高低？我们接下来看一看要开设综合型购物网站的企业案例。

顾客满意度第一的友都八喜

与亚马逊正面对抗且与之力战的企业之一是友都八喜（Yodobashi）。从 2009 年服务产业生产性协议会每年定期公布的"日本版顾客满意度指数"（JCSI：Japanese Customer Satisfaction Index）调查报告来看，"Yodobashi.com"从 2016 年起，连续 3 年位居第一。即使将类型细分为"自家品牌型"与"综合商城型", Yodobashi.com 仍然在 "综合商城型" 方面位居第一, 日本亚马逊 (amazon.co.jp) 则排名第四。在这个调查报告中, 友都八喜已经连续 6 年位居家电廉价商店的第一名, 近年来表现出众。

或许有人会好奇 "致力于家电廉价商店的友都八喜为什么在网购方面能与亚马逊一较高低"。其实, Yodobashi.com 现在已经不仅仅销售家电产品, 这几年来也在迅速扩充产品种类, 比如增加了饮料、食品、日用品、婴儿用品、文具、化妆品和汽车用品等商品种类, 大约有 430 万种 (其中家电将近 100 万种)。虽然还没有赶上日本亚马逊, 但生活上不可或缺的商品几乎都已经齐备。根据 Yodobashi.com 的经营方针, 今后还会提供日用品、体育用品, 甚至包括生鲜食品在内的食品等, 会尽快把商品扩充到 1000 万种。

Yodobashi.com 的发展速度不输给日本亚马逊, 只不过不是上市公司, 所以数据并未公开, 但 2016 年 3 月份的营业额比上一年同期增长二成, 预计年营业额达到 1000 亿日元。虽说友都八喜的网购市场在不断扩大, 但作为历史悠久的大型零售企业, 它能有这么快的发展速度, 值得关注。《经济周刊志》也对友都八喜与日本亚马逊进行了比较, 并制作了一期特辑。在众多网购企业中, 友都八喜也已经成为一个引人注目的企业。

在日本的网购业, 友都八喜为什么会如此引人注目? 事实上，友都八喜令顾客满意的根源在于，它拥有非常高端的物流品质。

惊人的物流品质

　　日本亚马逊有"当日特急配送"、"特急配送"和"指定送达时间配送"等配送服务。缴纳年会费的 Prime 会员可免运费，非会员则全都要支付运费。"当日特急配送"另收 514 日元，"特急配送"另收 360 日元。另外，如第 1 章所述，订购金额不满 2000 日元时，则需要支付 350 日元的运费。

　　而 Yodobashi.com 全部免运费。消费者指定配送公司时，会另收 350 日元的费用，但如果使用友都八喜配送，即使指定配送时间，也都会免运费（除一部分离岛外）。尤其值得一提的是，最短 6 个小时内可发货，且当天可送达的"Express Mail 配送"服务也是免费的。也就是说，可以免费使用"上午下单、下午送达"的超快速配送服务。虽然不同地区的配送情况会有差异，但都会事先发送发货短信，里面详细写着预计送达时间"〇月〇日（周〇）〇点〇分"和配送人员的姓名。我第一次使用这项服务时，对连配送时间和配送人员的姓名都写得很清楚这一点，赞叹不已。

　　为什么会有配送时间？因为负责最后一哩快速配送服务的，

是友都八喜自己的员工。虽然"Express Mail 配送"可配送的范围仅限于首都圈等 Yodobashi.com 专用物流中心能覆盖的区域，但我依然对友都八喜能免费提供这么高品质的物流服务的实力，感到佩服。当日送达的服务范围，除了关东地区的 1 都 6 县、关西地区的 2 府 4 县外，还包括九州和东北等地区，其人口覆盖率为 75.04%。大部分顾客都能享受到当日送达的好处。次日送达的人口覆盖率也达到了 98.55%，与亚马逊几乎不相上下。受理再次配送请求的客服中心也是全天 24 小时在线，其服务水平之高可见一斑。友都八喜从 2015 年推出"Express Mail 配送"服务以来，在热心的网购用户中评如潮，他们认为"友都八喜应该已经超过了亚马逊"。可以说，顾客如此高的满意度，主要归功于这样的物流品质。

友都八喜了不起的原因

友都八喜对物流的投资一直都很大。2016 年秋天，友都八喜预计在川崎市建造一座总面积高达 24 万平方米的物流中心——"友都八喜集散中心（川崎）"。投资额约为 100 亿日元。目的是，扩充网购业务所需的商品种类，强化物流的功能。另外，友都八喜也在东京都配备了多个作为库存点的小型物流中心，储备了畅销的小型家电和日用品等商品，推行了与快速配送服务相关的一系列措施。

像友都八喜这样坚持自己来配送最后一哩的企业其实是少数。但是，如此执着于亲自把商品送到顾客手中这一点，能让人感受到友都八喜独特的风格。之前我介绍过，在家电廉价商店中，友都八喜的顾客满意度连续 6 年位居第一。每次去友都八喜的门店时，我还是会觉得它真"厉害"。每个店员都具有丰富的产品知识，接待顾客的水平也很高。也许是我个人的偏见，但是在我"不知道要买哪一款家电"的时候，能给我提供最合适意见的，最终还是友都八喜。正是因为友都八喜的把顾客放在第一位的企业文化，所以即使在网购业务中，公司也会不惜成本地坚持提供高端的物流服务，亲自配送，来回应顾客的期望。

顾客在友都八喜秋叶原和梅田的旗舰店全天 24 小时都能取件，即门店取件，其方便性不输给其他购物网站。另外，友都八喜使用现有的门店这一点也很特别。从 2012 年起，友都八喜开始在门店摆放的商品标价签上加上条形码，用专门的手机APP 扫一扫，就能与其他公司的相同商品比较价格。从 2015 年起，友都八喜又在所有门店引入了免费提供高速连接网络的Wi-Fi 服务，让顾客在店里就能用智能手机与其他公司的相同商品比较价格，或者可以拍照上传到社交网络（SNS）上，可见，友都八喜与其他公司相比，其定位明显不同。顾客不在实体零售店购买想要的商品，而是在网上以更低的价格购买，这叫

照片7 秋叶原的友都八喜 "Multimedia Akiba"

"展厅销售（Show Rooming）"模式。友都八喜采取的竟然就是这种方法。

友都八喜的这个尝试非常大胆，但正是因为对自己的Yodobashi.com有信心，才可能采取这种做法。友都八喜大胆地把门店用作"展厅"，以细致周到的待客服务作为武器，让顾客在网上下单，并不断完善当日配送服务，所以顾客也不必自己带着商品回家。如果能让使用Yodobashi.com的顾客觉得"这很方便"，那么，他们购买家电以外商品的可能性就会提高。另外，在友都八喜家电廉价商店，还有"积分返还"的制度，给老顾客发放积分卡，积分越高返还率就越高，优点是很容易吸引回头客。将实体店当作入口，通过细致周到的待客服务让顾客满意，并让他们成为购物网站的粉丝——友都八喜这样的策略与把 Prime 会员作为策略重心的亚马逊有所不同。

"网店×门店"的相乘效果

我们回顾历史可以发现，友都八喜从很早以前就是一家擅长物流服务的公司，他们"只是做认为理所当然的事，让顾客满意而已"。据说，友都八喜在关东地区能实现当日配送服务的时候，也同时已经想到"既然从关东寄东西，当天就能送到公司的宇都宫店，那也能当天送到顾客手中"。

友都八喜早在 1995 年就开始了网购业务。这一年微软公司发售了"Windows 95"操作系统，所以当时的网络环境很不方便，和现在不能比。但让人吃惊的是，据说友都八喜当时就已经实现了库存的统一管理，能正确管理门店、仓库、流动的商品、顾客请求暂存的商品的库存。还听说友都八喜建成能统一管理库存的系统，是在 1989 年。

1996 年，友都八喜还采用过一个机制，一旦没有了库存，商品就会从购物网站上自动下架。2000 年，友都八喜在网上公开了商品的库存量。从 2003 年起，消费者还能在购物网站上下单，把商品暂存在门店里。2010 年，友都八喜开始统一管理门店和购物网站上的商品价格，实现了实体店和网店的价格统一。

无论是在门店销售，还是在网上销售，都算是友都八喜的营业额。公司的所有员工都有这种共识，我认为这一点也很厉害。在我见过的网购公司中，门店和购物网站会在营业额上竞赛，甚至也有些公司存在针锋相对的竞争关系。仅就这一点而言，友都八喜的企业文化相当了得。

友都八喜不区分门店和网店，把所有地方都作为与顾客接触的点，这种想法和策略，被称作"全渠道销售（omni-channel）"策略［详见拙著《新零售全渠道战略》日经文库，2015年（中文版已由东方出版社出版）］。一般认为，"库存的统一管理"、"实体店与网店的价格统一"和"店员教育"这三项是实现全渠道销售模式的必要条件，值得注意的是，友都八喜早就做到了。

Seven&i 的全渠道销售策略

首先提出全渠道销售策略的，是大型流通企业 Seven&i Holdings 公司，该公司在 2015 年推出了"omni7"服务，最大的特点是，不仅能配送主要合作企业 7-ELEVEn 的商品，以及伊藤洋华堂、崇光百货（Sogo）、阿卡佳（Akachan Honpo）、LOFT

等集团企业销售的商品，顾客还能在家附近的 7-ELEVEn 取件。这是 Seven&i 活用日本全国约 18000 家 7-ELEVEn 门店，来提高营业额的一次尝试。

omni7 成立之初，注册会员有 150 万人，销售的商品有 250 万种，发展顺利。更远大的目标是，希望在 2018 年度将商品增加到 600 万种，实现 1 兆日元的营业额。

另外，Seven&i 的全渠道销售策略，将"商场"、"待客"和"商品"作为自己的三大发展重点。

"商场"指在任何时间和任何地点都能网购的所在。在家时能够通过电脑、出行时能够通过智能手机购物，甚至在 7-ELEVEn 的店里也能使用平板电脑下单，这是 Seven&i 全渠道销售的一大特征。刚推出这项服务时，在包括九州和东京一部分门店在内的 600 家 7-ELEVEn 门店配置了平板电脑，而现在所有门店都有配置。能够在 7-ELEVEn 买到阿卡佳和 LOFT 的商品，是集团企业才有的优势。另外，门店还受理退货等业务，对顾客来说，不太费时间，非常方便。

其次是"待客"。为了根据每位顾客的情况提供细致周到的服务，Seven&i 首先在集团内部共享了 7-ELEVEn 门店的待客记录和介绍商品的技巧。另外，7-ELEVEn 门店还推出了员工"听候吩咐"的服务。多达 40 万人的门店员工通过操作平板电脑，也可以帮助不会上网的老年人下单。据说 7-ELEVEn 过去在"Seven Meal"送餐服务中就有听候老年人吩咐的案例，而在引入omni7后，则加速了这一进程。"听候吩咐"服务成败的关键在于，如何让忙于7-ELEVEn门店管理的店员参与进来，能否确保顾客想要的待客品质。

最后是"商品"。Seven&i已经开始销售与制造商共同开发的原创产品（Private Brand）——"Seven Premium"系列，也已经具备了逼近1兆日元营业额的商品开发能力。重点是，在提高omni7销售能力的同时，7-ELEVEn是否能依靠40年来与制造商培养起来的信赖关系，开发出只有在omni7才能买得到的"畅销商品"。

爱速客乐面向个人的网购业务

还有一家企业，与友都八喜和seven&i这些大型流通企业并称，在网购领域很受关注。它就是第1章提到的因面向办公室的网购业务而大获成功的爱速客乐。该公司从2012年开始推出面向个人的购物网站"LOHACO"。它虽然进入网购市场较晚，但仅仅花了4年时间，就已经积累了超过250万名顾客，年营业额突破300亿日元，形势喜人。

2012年，爱速客乐与最大的门户网站，同时也经营雅虎商城的雅虎公司进行资本和业务合作，2015年成为雅虎集团的子公司。LOHACO 很好地利用了雅虎吸引顾客的能力，得到了飞速发展。

爱速客乐的武器也是高端的物流技术。爱速客乐在关东地区和近畿地区，除了少部分区域外，已经实现了上午 10 点前下单，当天下午 6 点以后就能送达的当日配送服务。如果订单金额在 1900 日元以上还免运费。2016 年，爱速客乐在包括东京都在内的一部分区域，通过专用的智能手机 APP，开始提供每 30 分钟就会向顾客通知一次所购商品当前时刻配送情况的 "Happy on Time" 服务。下单的人在配送 1 小时前就能在 APP 上确认快递员的位置，在配送 10 分钟前还会再次收到通知。这样不仅减少了顾客不在家的比率，还减少了再次配送带来的负担。

这项服务能够精确制订到底是 1 个小时还是 2 个小时的配送时间。正是因为爱速客乐使用自己的物流子公司配送最后一哩，所以才能拥有这样高端的物流品质。爱速客乐通过运用人工智能分析过去的配送情况等数据，使配送更加高效，这一点也是公司非常重视物流的独特尝试。

爱速客乐开通购物网站不久就拥有如此高端的物流品质，是因为它积累了面向办公室的网购技术。据说 LOHACO 刚开展业务时，物流现场相当混乱，但在面向个人且顾客订购商品的倾向非常多变的网购业务中，LOHACO 不断累积着经营经验，作业流程的自动化程度和效率都在提高。

LOHACO 的 "独家商品" 策略

LOHACO 的物流品质之高自不待言，更值得注意的是它的商品种类。LOHACO 主要销售日用品，有 20 万种，虽然与亚马逊、友都八喜相比并不算多，但有很高的原创性，很多商品在别的网站上买不到。

以作为畅销商品之一的矿泉水为例，LOHACO 在 2015 年时把群马县的嫣恋铭水变成了自己的全资子公司，并推出了 "奥轻井泽天然水" 这款产品。网购企业将矿泉水制造企业纳入到自己集团之下，是相当少见的尝试。另外，在大米的销售中，LOHACO 也把北海道美呗岩见泽地区种植的 "Yumepirika" 糙米经过处理后，研发出了 "LOHACO 大米"。特别值得一提的是，为了发售这款产品，LOHACO 还在埼玉县的爱速客乐物流中心内引进了最新型的精米机，设立了自己的精米中心。为了把刚加工好的精米送到顾客手中，公司下定决心由自己来加工。我认为这种方式非常独特。

另外，LOHACO 还积极与制造商共同开发商品。在 2014 年开始运营的 "LOHACO 电商市场营销实验室" 中，LOHACO 通过与制造商分享自己的销售数据，开发出了独家商品。第 1 期有 12 家、第 2 期有 55 家，到了 2016 年的第 3 期则有 98 家制造商参与其中。随着规模的扩大，LOHACO 和制造商相继开发出

照片 8　麒麟的"Resesh"（左）与花王的"Moogy"（右）

了新的原创商品。在参与的企业中，包括宝洁（P&G）、资生堂、味之素和日清食品等很多大型的制造商。

例如，LOHACO 与麒麟饮料公司（Kirin Beverage）共同开发了加入生姜和香草的健康麦茶"Moogy"，这种饮品是一款为饱受体寒之苦的女性研发的商品。带有淡淡柔和色调的包装，非常讲究。另外，花王公司的除臭除菌喷剂"Resesh"，包装则给人一种天然石的印象，属于 LOHACO 专用，也是非常受女性欢迎的设计。无论哪款商品，在 LOHACO 购物网站的销售网页上都有功能和成分介绍，与实体店的商品相比，网店商品的包装设计更加新颖，因为不需要华丽的设计来吸引顾客。

提供"平台"

日本亚马逊也在尝试这种共同开发商品的模式，在 2013

年开设了销售亚马逊限定商品的门店，研发出了一些原创商品，比如，亚马逊与日清 CISCO 从亚马逊网站内检索的关键词中发现了用户的需求是"无糖""控制甜度"，于是以此为基础共同开发了"无糖水果 Granola"谷片。同样，亚马逊与伊藤园共同开发了大幅减少咖啡因的瓶装咖啡"无咖啡因黑咖啡"，等等。

那么，亚马逊与 LOHACO 的区别在哪里？亚马逊是以检索数据为基础开发商品，LOHACO 的做法则不仅限于站内检索的数据，爱速客乐与制造商紧密合作，根据每个制造商拥有的用户数据和预售所得的数据，来开发商品。LOHACO 始终把自己定位成"能在活用数据的市场中进行研究和实践的平台（Platform）"，引进很多大型制造商，成功建立起友好的合作关系。

例如，由宝洁经营、会员达 370 万人的社交网站"Myrepi"，开始与爱速客乐的母公司雅虎的会员账号开展合作。通过数据合作，能详细掌握顾客在 Myrepi 和 LOHACO 网站上对什么样的东西感兴趣、如何行动，从而能彼此合作，开发出更符合消费者需求的商品。有一部分人认为，亚马逊向制造商公开自己公司的数据并不积极，相对于营业额具有绝对优势的亚马逊而言，LOHACO 的销售能力其实很弱，却成功地吸引了制造商。

从商城型购物网站到 Marketplace

2015 年秋天，LOHACO 以"适应生活"为理念在"东京设计周"参展，并与 21 家公司一同公开了专门针对购物网站、来源于新构思而创作的设计商品，广受好评。因此，先前提到的麒麟的"Moogy"与花王的"Resesh"，正式上市。

爱速客乐在提供"平台"方面非常积极。此外，还以"LO-HACO MALL"为名，销售无印良品和成城石井等专业品牌的商品。与亚马逊、乐天这类商城型购物网站不同，LOHACO 本身是从各家专卖店批发销售商品。因此，不同专卖店的商品也能从爱速客乐的物流中心一起打包配送，对顾客来说非常方便。

LOHACO 还表示，将效仿亚马逊，推出"Marketplace"服务平台，允许其他业者开网店销售商品和服务。其目的是，聚集直销中难以买到的商品，充实商品种类。另外，亚马逊的主要收益来自 Marketplace，同样，LOHACO 也打算以其吸引顾客的能力为武器，由此开拓出新的收益来源。

在物流大战中生存下来的线索

一路看来，友都八喜、Seven&i、爱速客乐这三家公司，都是综合型购物网站，都是与亚马逊正面竞争的企业，对物流的

133

投资必然会增加。友都八喜投入了 100 亿日元巨资，爱速客乐的 LOHACO 也处于优先扩大规模的前期投资阶段，每年赤字高达 30 亿日元之多。众所周知，亚马逊在创业以来的很长一段时间内都是赤字，但是，在综合型购物网站领域，投资物流中心的负担很大，属于实力上的较量。想必今后也会出现激烈的竞争。

另一方面，这三家有前途的公司各自的做法，也给了我们一些如何在物流大战中生存下来的线索。

首先，最后一哩是竞争的前提。之前都是在速度上竞争，强调次日配送、当日配送或 1 小时内配送等，但现在不光是靠速度，还出现了像友都八喜、爱速客乐这样推出事先通知送达时间的服务等通过亲自配送才能实现的高端物流服务。也不只限于送货到家，下订单的人还可以到便利店或门店取件，这为不方便接受送货到家的双职工家庭提供了更多便利。各家公司想必今后将针对最后一哩采取更多措施，让顾客能在任意时间和地点取件。

其次，充实原创商品是体现差异的重点。Seven&i 和爱速客乐不仅在网上致力于丰富商品种类和降低商品价格，还在开发自家网站上限售的原创商品方面下功夫。众所周知，在趋于成熟的便利店行业，7-ELEVEn 的商品开发能力十分突出，单家门店每天的营业额都比其他公司的门店高出 10 万日元以上。就是说，"就近而便利"的便利店在日本全国普及以后，能够体现差异的就是原创商品。购物网站也一样，在成为什么都能买到的"万货商店"后，还是必须靠独特的商品才能提高自身的竞争力。

最后，像"网店×门店"这样形成与顾客接触的点也很重要。友都八喜原本是家电廉价销售店，每家门店有很多拥有丰富商品知识的店员。店员在门店的待客服务是，帮顾客找到真正想要的商品。顾客既可以在门店购买，也可以在网上购买，这样的弹性处理方式是友都八喜的一大武器。Seven&i 也不例外。7-ELEVEn 一家门店平均每天的客流量大约有 1000 人，全国 18000 家门店平均每天就有 1800 多万人光顾。对这些来店顾客宣传 omni7 的优点，创造让顾客愿意使用 omni7 的契机，是其他公司无法企及的优势。

在上述线索的基础上，我们接着来介绍一些使用特殊方法一决胜负的独特企业，同时思考一下与亚马逊展开竞争所需的策略。

专攻时尚的 ZOZOTOWN

START TODAY 运营的购物网站 "ZOZOTOWN"，是一家专攻时尚产品、发展迅速的网购企业，2010 年的商品销售额为

366 亿日元，到 2015 年扩大到 1290 亿日元，业绩一路攀升。ZOZOTOWN 大约有 680 家门店，销售 2600 多种时尚品牌，是日本最大的时尚购物网站，顾客人数大约有 350 万。

曾经有人说："即使在网上能买到电脑和家电，想必也不会买服装。因为服装不仅需要试穿，隔着屏幕也看不出材质，没有质感。"对于从网络草创期就从事相关工作的我来说，目前有一种恍若隔世之感。

START TODAY 的业态非常独特。虽然它属于集时尚品牌于一体的商城型购物网站，但却是用自有的物流中心"寄售"各品牌的商品，并把收取手续费作为自己的主要收益来源。日本的服装业和百货商店有"寄售"或"销购"的商业惯例，即在商品售罄后，再由零售业者向制造商购入（采购）商品，由制造商承担库存风险。START TODAY 采取的正是这种商业模式。

另外，START TODAY 也经营其他业务，诸如自负库存风险的"收购商店"、用户之间自行买卖二手时尚商品的"ZO-ZOUSED"，以及帮助购物网站使其一切运营正常的运营业务，等等。

START TODAY 的物流中心是自行营运。START TODAY 直接收取品牌商寄存的寄售库存，甚至在专用的摄影棚里进行时尚商品的拍摄作业。所以，ZOZOTOWN 刊登的照片都比较统一，外观看起来非常像专攻时尚的网站。另外，ZOZOTOWN 在上架

照片 9 "ZOZOTOWN" 的首页

时尚商品时，也会根据自己网站的基准自行定夺尺寸。在购买网页上，除了品牌官方的标志外，ZOZOTOWN 还会另行标注"ZOZO Size：M"这样的尺寸。为了不让消费者在购买时搞错是日本生产还是其他国家生产，或者弄混各个品牌不同的尺寸标准，START TODAY 考虑得非常细致周到。

就购买的便利性来说，除了性别、品牌、商品类别外，消费者还能挑选袖长、身长、花纹和颜色等。我在比较亚马逊和 ZOZOTOWN 后发现，ZOZOTOWN 在查找时尚商品方面更加便利。

吸粉的商业模式

由 START TODAY 运营、位于千叶县习志野市的"ZOZO-

BASE"，是一座总面积约 4 万坪、大小相当于 2.3 个东京巨蛋（Tokyo Dome）的大型物流中心。其设备投资巨大，大约有 30 亿日元。效果是，顾客订购的商品全部由自己公司包装、发货，所以能一次配送顾客在多个品牌店购买的商品，非常方便。

配送则由大和运输负责，并从 2014 年开始在关东、关西和中部地区提供当日配送服务，而且当订购商品的合计金额达到 4999 日元以上时免收运费。

特别值得注意的是 START TODAY 专注时尚领域的优势。START TODAY 从 2013 年开始运营用户通过智能手机上传时尚穿搭的照片，并与其他用户分享的 APP "WEAR"。用户可以自拍并上传自己喜欢的穿搭照片，像 SNS 一样与同样喜欢时尚的用户交流。另外，WEAR 还与 ZOZOTOWN 连动，在 WEAR 上穿搭的时尚商品，都能在 ZOZOTOWN 买到。换句话说，顾客能像买下假人模特身上的全部服装一样，一次性购买照片中穿搭的商品。ZOZOTWON 有很多对时尚极其敏感的用户，提供这种 APP，想必是只有它才能实现的策略。

2015 年，WEAR 每月的用户人数突破 600 万，经由 APP 获得的营业额每月高达 10 亿日元。WEAR 把公开穿搭而大受欢迎的普通用户认定为 "WEARISTA"，使热心的粉丝更加蠢蠢欲动，这种模式也收到了很好的效果。另外，WEARISTA 与 ZOZOTWON 签订赞助合同，用户可在 ZOZOTWON 上使用相当于每月 10 万日元，每年 120 万日元的积分。ZOZOTWON 网站通过这种模式，激活了自己的用户群。

ZOZOTWON 锁定对时尚极其敏感的优质用户的方式，不但增加了网站的吸引力，还能与寄售商品的服装时尚品牌店建立起良好的伙伴关系。

惊人的 "免费退货"

还有一家企业在时尚领域引人注目，它就是创办于 2010 年，并从 2011 年开始正式提供服务的初创企业 "LOCONDO"。在开始运营的第 3 年，LOCONDO 的年营业额达到了 50 亿日元，并很快在 2015 年突破了年营业额 100 亿日元的大关。

LOCONDO 挑战的是鞋子的网购市场。读者应该马上就能想到，脚的形状因人而异，要找到尺寸合适的鞋，最重要的是试穿。那么，在网上怎么卖鞋呢？

LOCONDO 采用的做法会吓你一跳。他们建立了免费退货的体系，以网购的常识来看，这是不可能的。虽然有 21 天内退货、只能在房间内试穿、不能剪掉吊牌、不能丢掉鞋盒子等退货的条件，但也不失为一种不错的销售方式。"如果在家试穿后不合脚，即可退货。"

在网购领域，没有比退货更令物流中心头痛的事了。要想

照片 10 "LOCONDO" 的首页

把退货的商品再次卖出去，要清理干净后才能再归为库存。只要有一个地方搞错，库存量就会对不上，非常麻烦。另外，还需要细心解答顾客提出的问题，这也需要人工费。在经常需要通过提高效率来降低成本的物流领域，退货非常令人头痛。

LOCONDO 采取了与之相反的策略——去倾听顾客的退货理由，一发现问题就立刻改进，高举"顾客至上主义"的旗帜，始终为顾客着想。据说 LOCONDO 回头客的占比已经超过了

80%。LOCONDO 一开始是从鞋子的网购做起，之后销售的商品慢慢扩大到箱包、服装和体育用品等。

门店无库存后的跟踪处理

LOCONDO 在物流上也相当花力气，打算与物流专业公司合作，从 2016 年开始投资约 22 亿日元来完善物流功能。听说从创业以来，LOCONDO 已经搬了 4 次仓库，从这一点可以看出，随着营业额的扩大，LOCONDO 也在相应地完善着自己的物流功能。

而且，LOCONDO 还将在网购业务中累积的技术提供给其他公司，来扩展自己的业务。从 2012 年开始，LOCONDO 除了帮助其他公司建立和运营网站外，还提供从仓库内的商品摄影、库存管理、包装到发货等整个物流的解决方案，并协助完成与 LOCONDO 相同的"免运费、21 日内免费退货"的销售方式。销售体育用品的"Alpen"和女性名牌包的"Samantha Thavasa"等企业也参与了这项服务。

LOCONDO 在 2015 年推出的名为"LOCOTYOKU"的新服务，也很独特。这项服务不仅为购物网站提供支持，还帮助经营实体店。当店里没有库存时，只要通过店内专用终端设备下单，就能直接从 LOCONDO 的仓库发货，将商品配送给消费者。

LOCONDO 目前处理大约 500 家门店无库存后的跟踪情况。可以说这是一种避免商品脱销、防止门店错失良机的服务机制。LO-CONDO 还在 2016 年宣布与乐天开展资本和业务合作。

另外，LOCONDO 在主营的网购业务中，还在着手开发原创商品，比如与时尚杂志 *STORY* 合作开发原创品牌 "plus by coco cicci" 等。

LOCONDO 是一家成功的企业，其业务始于销售鞋子，研发了独特的退货系统，并以时尚商品的物流为起点，不仅协助发展了购物网站，还将业务扩展到支援门店的领域，有自己独特的模式。

极致的待客服务

LOCONDO "线上销售鞋子" 的原型，是美国网购企业 "Zappos"。Zappos 在日本没有开展业务，也许有人不知道它，但它是网购业的知名企业，有着超凡的魅力。Zappos 拥有 1500 名员工，据说 2015 年的营业额换算成日元超过 3000 亿。

Zappos 因提供极致的待客服务而广为人知，网购免费配送且免费退货。Zappos 世界有名的原因在于其极致的待客服务。我们很容易想象代表服务业最高水平的高级酒店的待客服务，但对于没有门店的网购公司来说，其待客服务表现在哪里呢？

事实上，Zappos 待客服务的传奇表现在于全天 24 小时，全年 365 天在线的电话客服中心。

以这样一个故事为例。有一位 Zappos 客服人员与顾客通话达 8 个小时之久，话题却与订单毫无关系。据说有一次，一位顾客打电话来，想买 Zappos 没有的商品，客服人员也为他详细查询了在哪里能买到。当顾客苦恼不知道买哪个尺寸时，客服人员一定会回答："请把您拿不准的两双都买下来，不合脚的那一双再退回来。我们提供免费退货。"

一般来说，受理顾客电话咨询的客服中心都会尽可能缩短通话时间，优先考虑把自家的商品卖出去。因为通话时间越长，人工成本就会越高。如果去回答顾客提出的所有问题，不但效率低，生产率也上不去。但在优先考虑顾客满意度的 Zappos，如此细心的待客之道已成了公司理所当然的企业文化。虽然 Zappos 的客服中心是通过电话服务，但其持有的待客观可以说相当于一个虚拟的门店。实际上，我曾经造访过 Zappos 在拉斯维加斯的总部，当问及客服中心的生产率时，他们却理直气壮地答道："我们从来没听说过生产率指标之类的数字。"

为了让顾客满意，Zappos 会鼓励客服人员不限时地回答顾客的问题。从退货、退款、特别的配送安排，再到优惠券的发放，顾客提出的所有问题都交给客服人员全权处理。让顾客由衷感动是 Zappos 的使命。来自顾客的感谢和赞美之辞会带来新顾客，也使 Zappos 好评如潮，被誉为拥有极致待客服务之道的公司。

独特的企业文化会创造价值

Zappos 的创始人谢家华（Tony Hsieh）说："不是要争取什么，而是要建立友谊，为此，你要是能找出让你认识的人由衷感兴趣的东西，说来奇妙，在未来的某一天，你不管是做生意还是私底下，都极有可能会因此受惠。"①

这就是日本历史悠久的百货商店"大丸"的"先义后利"理念。通俗来讲，就是"先为对方考虑，这样利益就会随之而来"。Zappos 非常重视企业的价值观，制定了品牌应有的 10 个核心价值。

Zappos 在重视员工这一点上也很有名。例如，在拉斯维加斯的总部，员工用餐全部免费。不仅如此，在我参观过的一座每天运转 22 小时的 Zappos 的物流中心，大约有 3000 名员工，实行的是两班倒的制度，用餐也与总部一样免费。每年的成本

---

① Tony Hsieh *Delivering HAPPiness*：*A Path to Profits*，*Passion and Purpose*；谢家华著，谢传刚译《三双鞋：美捷步总裁谢家华自述》，中华工商联合出版社有限责任公司 2011。又译：《回头客战略：交易额越高，流量成本越低的经营模式》，文汇出版社 2017；日文名：《顧客が熱狂するネット靴店ザッポス伝説》（丰田早苗等译，钻石社 2010）

总计高达 1200 万美元。这座物流中心在肯塔基州非常受员工的欢迎，是当地"最佳工作场所（Best Place to Work）"的前10 名。

　　Zappos 为了提高员工的个人能力，免费举办各种培训，例如既有表格计算软件课程和手势培训讲座，又有向管理层传授时间管理和录用评价方法的演讲。据说如果有学习公司文化的活动，就算是聚餐时间，Zappos 也照样付工资。如果在活动中提供酒，为了避免酒驾，Zappos 还会给员工发乘车券。根深蒂固的"公司重视员工，员工重视顾客"的企业文化，造就了Zappos 的独特性。

　　2009 年，亚马逊收购了拥有独特企业文化、营业额势如破竹般增长的 Zappos，据说条件是亚马逊"不干涉 Zappos 的经营"。收购金额换算成日元相当于 830 亿左右，是亚马逊当时金额最大的一次收购案。有人认为，亚马逊的贝佐斯很是羡慕Zappos 的经营方法，因为 Zappos 拥有亚马逊本身欠缺的价值。我认为，在 Zappos 的经营方法中有很多值得学习的东西。

聚集乐迷的乐器专卖店

　　接下来我想介绍一下因待客服务深受顾客喜爱且魅力十足的一家企业，它就是创办于 1964 年、在全美约有 260 家门店的

乐器专卖店 "Guitar Center"。Guitar Center 也经营网购业务，是世界最大的乐器连锁店。

Guitar Center 原本是以比其他公司绝对低价为卖点来拓展事业的连锁店，但随着购物网站的问世，公司也调整了经营方向。从 2008 年起，Guitar Center 花 3 年时间建构了自己的物流系统，实施了门店与仓库之间的库存统一管理，进而统一了所有门店的价格。

Guitar Center 主要有两个策略。

其一是 "网店×门店" 的融合。我曾经拜访过 Guitar Center 位于拉斯维加斯的门店，发现在店内最醒目的地方贴着写有

照片 11　Guitar Center 门店

"现在就能上网购买（NOW BUY ONLINE）""请上网确认店内库存（CHECK IN-STORE INVENTORY ONLINE）"等大字的海报。即使顾客在店里，店员也会劝他们上网购买。另外，如果顾客上网发现店里没有库存，公司会承诺可以从其他门店或物流中心调货配送。顾客也能在网上请求门店代为收件。

实现这一商业模式的前提是，Guitar Center 需要引进新的物流系统来统一管理库存，以及统一门店和网店的商品价格。原因在于，如果同样的商品，有的门店卖得更便宜，顾客就会到那里去购买，这样一来，尽管附近的其他门店有库存，公司也只能延期交货，徒添麻烦。

没事就来店闲逛的顾客

Guitar Center 最独特的地方在于，不仅是各门店的店长，就连员工几乎都是热心的乐迷，都会演奏乐器。他们会通过 SNS 等媒介传播丰富的乐器和音乐知识，一直深受顾客喜爱。

我经营的公司主办过一次参观旅行，在参观 Guitar Center 门店时，我对工作人员的待客服务深为感动。他们让我见识了丰富的商品知识，甚至在顾客没有要求演奏的情况下，就拿起吉他弹唱起来，这让我们很开心。据说经常有顾客不买乐器也会来店里闲逛，跟店员随便聊一聊喜欢的音乐，或者闲谈一些乐器的弹法等。乐器原本就不是一年要换好几次的商品，所以，门店充当着长期与顾客接触的据点作用，有助于让顾客产生"下次还来 Guitar Center 买新吉他"的念头，这一点非常重要。

Guitar Center 的这种做法，或许可以套用在友都八喜这类专业性强、商品知识丰富的员工众多的企业身上。在待客服务上，既有像 Zappos 这样以追求不亚于任何服务业的待客之道为目标的方式，也有像 Guitar Center 这样维持着朋友般关系的做法。而在臻于专业性方面，Guitar Center 的做法更值得参考。

北村相机

在日本，也有运用高端专业知识来提高营业额的案例，它就是经营照片冲洗和相机销售的照相器材连锁店"北村相机（Camera no Kitamura）"。这是一家在日本全国约有 860 家直营店、创业至今已有 80 年历史的公司。

北村相机最大的特点是灵活使用网络来开门店，其购物网站"Kitamura net"会员的访问量已突破 700 万人次，大部分会员住在距离心仪门店半径不到 5 千米的地方。在线打印等网络服务的营业额约占北村相机全部营业额的三分之一。据说约有八成顾客都会指定在附近的北村相机门店取件。

顾客来门店的最大目的是数码打印，这些设备会占用很大空间。另外，门店内还要摆放营业额占比较大的智能手机及其相关产品，所以价格高且型号多的单反数码相机和二手相机需要摆放的空间必定会变小。

为此，北村相机推出了平板电脑服务，顾客可以由此访问上架商品超过 4 万件的购物网站。北村相机本来就有很多具备相机专业知识的销售员，他们会运用这些知识来回应顾客的需求。据说，通过细致周到的待客服务，有些门店不仅获得了很高的顾客满意度，还诱导顾客顺便购买了相关配件。北村相机通过平板电脑获得的营业额，上升到了全部营业额的 15% ~ 20%。网上购物后到店取货量和在平板电脑上的下单量，构成了北村相机各家门店的销售业绩。这种做法也为公司良好的收益做出了贡献。

有所进步的"网店×门店"模式

在流通业发达的美国也有了新发展。接下来我想介绍一下在融合"网店×门店"方面开始新尝试的两家新兴企业。

其一是经营眼镜网购业务的"沃比帕克（Warby Parker）"。美国商业杂志《快公司》（*Fast Company*）每年都会发表创新企业的世界排名，沃比帕克在 2015 年力压苹果与谷歌等著名电商，荣获第一名。从 2010 年创业起，沃比帕克在短短 5 年多的时间内便迅速发展成了一家年营业额高达 1 亿美元的企业。

企业业绩如此良好，最重要的原因在于价格。沃比帕克通过自主制造镜架来压低价格，大部分眼镜都是从 100 美元起价。设计则是由沃比帕克公司内部自行研发，从时尚品牌的视角来看，也是相当时髦的。制造则由合作工厂负责，虽说价格低廉，但产品的质量却很好。

并且，沃比帕克之所以被誉为创新企业，是因为它有打破常识的"网店×门店"模式。他们在购物网站上推出了"到家试戴"的眼镜试戴服务。顾客可以在网上选择最多 5 种喜欢的镜架，下单后就会寄来样品。试戴期限为 5 天，试戴结束后，顾客只需要将眼镜放回盒子里，贴上被同时寄来的地址标签寄回即可。往返的运费全免。这与 Zappos 劝顾客"下单两双，将尺寸不符的鞋子寄回来"的做法很相似。

另外，沃比帕克虽然是购物网站，但在美国却开设有 37 家门店。更为惊人的是，门店内没有库存。到店的顾客试戴商品，找到喜欢的眼镜后，接受视力检查，然后使用店里的平板电脑下单。订购的商品则在几天内快递到家。沃比帕克不在门店放库存，而是将门店设计成与顾客沟通的场所。

例如，在位于洛杉矶的"The Standard Hotel"大厅内，就设有沃比帕克与酒店共同设计的美式复古风格"报摊（贩卖报纸和杂志的摊位）"。在报纸和杂志旁边陈列着沃比帕克的眼镜，

格调古雅却不失时尚美观，的确能让顾客体会到沃比帕克所追
求的公司形象。

照片12 沃比帕克的"报摊"

换句话说，沃比帕克的门店不是买卖眼镜的地方，而是让
顾客体验品牌的展示间。

沃比帕克的门店位于一般人不容易发现的大楼二楼等位置，
营业费也有所控制，但却像博物馆一样有介绍公司的展览，以
及进行拍照留念等，想方设法通过口碑来吸引顾客。在思考融
合"网店×门店"模式的方法上，沃比帕克的做法值得参考。

不卖商品的门店

其二，与沃比帕克同样摸索"网店×门店"新模式的，还有 2007 年创办的男装品牌"波诺波斯（Bonobos）"。波诺波斯从购物网站做起，它坚持材质与设计新颖的牛仔裤和短裤，特别畅销，目前在全美各地都有门店。

波诺波斯门店的特点在于，"比起让顾客当场购买商品获得满足来，更注重整体服务"，采取与前述沃比帕克相同的模式，让顾客在店里确认商品后在网上下单。在去专门用于展示商品的"波诺波斯导购店（Bonobos Guideshop）"时，建议顾客要先预约时间。在预约的时间上门后，被称为"波诺博斯导购员（Bonobos Guide）"的专属设计师会给顾客提供各种建议，还会提供免费饮用啤酒等饮料的服务。款待顾客是波诺波斯门店的第一考虑。导购员从设计师的角度与顾客的交谈相当深入，所以不会让顾客觉得有"强行推销"之感，这一点会让男性顾客感觉非常放松。

顾客不能在门店购买商品带回家，而是需要当场向工作人员订购，或通过电脑、智能手机下单，最短次日、最迟几天就能快递到家。波诺波斯最大的特点是免运费，而且没有退货期限。

像沃比帕克、波诺波斯这样不在门店销售商品的时尚品牌

照片 13　波诺波斯导购店

接连出现，是一个很有趣的现象。出现这种销售模式的背景之一，是时尚品牌本来就有体验价值，打造品牌属于销售非常重要的一个方面。另外，只有一个地方有库存，容易卖光，所以可以进一步开发物美价廉的独家商品，这也是优势。由于网购设施已经完备，成为理所当然的存在，所以企业正在摸索有异于过去的提高价值的方法。在这些创新的尝试中，应该会有思考网购下一步策略的线索。

与亚马逊竞争的三个策略

之前我们在梳理了日本的网上超市概况之后，介绍了经营综合型购物网站的友都八喜、Seven&i，以及爱速客乐的 LOHACO 的尝试，还描述了因使用自家物流服务和网购策略而获得成功的 START TODAY 的 ZOZOTOWN、LOCONDO、Zappos、Guitar Center、北村相机、沃比帕克和波诺波斯这些独特的企业。与亚马逊竞争的方式有很多种，但我想再提出以下三个关键词，供读者参考。

①最后一哩

没有一家企业敢在配送商品到客户手中的最后一哩上懈怠。看了很多案例后，我想大家更清楚，每家公司都在思考更加有效的最后一哩配送策略，来构建自己的物流系统。

有像销售生鲜食品的网上超市那样，在更加靠近顾客居住的场所设置库存点，通过小商圈来提高配送密度的策略；也有像友都八喜和爱速客乐那样，以自主配送为武器，用细致周到的服务来一决胜负的案例；Seven&i 则是把便利店定位成与顾客接触的场所；北村相机在网上下单的顾客约有八成希望能在门店取件；再如沃比帕克和波诺波斯，则大胆尝试将门店装扮成展示间，并选择事后寄送商品的方式。

只靠配送速度进行竞争的时代已经过去了。现在追求的是，在顾客喜出望外的精准时间内将商品配送到顾客指定的场所。为此，既有建立自主配送系统的做法，也有在门店取件或设置快递专用邮筒等来增设取件点的做法。先行发展的综合型购物网站亚马逊和商城型购物网站乐天，不仅送货到家，还与各个便利店公司合作，让顾客能全天 24 小时在罗森、全家或 MINISTOP 的门店随时取货，还出现了设置"快递箱"的动向。

最后一哩上的竞争方式比过去多了起来。各家公司构建自己物流系统的策略，想必是大家今后关注的焦点。

②拥有独家商品

前几章提到，亚马逊的目标是成为向全世界销售所有商品的"万货商店"。另外，亚马逊在投资物流建设方面也从不吝啬，通过构建高端物流系统来销售一切商品，将采购和物流的成本降到最低，从而以更低的价格把商品提供给顾客。

生鲜食品超市是亚马逊在日本还没有介入的领域。亚马逊首先要解决的问题是提高营业额，吸引顾客。为此，在与供应商建立良好关系的过程中开发出限售的商品或许更重要；拥有核心企业 7-ELEVEn 的 Seven&i 根据自身经验得知，拥有独家商品是多么有优势；友都八喜如果像爱速客乐那样去积极地与其他公司共同开发商品，也许是个好办法。

另外，对于重视品牌形象的时尚品牌来说，在哪里销售非常重要。像 START TODAY 和 LOCONDO 那样与各品牌企业保持良好关系，又各自开发出独家商品的做法，也是一个可行的方向。

就独家商品而言，除了限定销路的限售商品、与制造商或品牌商等共同开发的自有品牌（private brand）的原创商品之外，还有一种没有日本商品条码（Japanese Article Number Code）的商品，即一般不在市面上流通的商品。例如产地直送的生鲜食品，或手工制作的单件商品。让贸易商寻找这类商品，也是个选项。

在网购活动习以为常的当下，如何把没在"万货商店"上架的商品采购进自己公司来，仿佛已经成为决定胜负的关键。

③网店×门店（全渠道销售）

本章介绍了很多独特的最新案例，其中最显眼的关键字，或许就是"网店×门店"模式的可能性。第2章谈到亚马逊创办书店的事，不过亚马逊目前还没有快速增设门店的计划。

如同友都八喜、Guitar Center 和北村相机等几个案例所示，对于已拥有门店网络的企业来说，前提是库存的统一管理，以及网店和门店的统一价格。如前所述，无论在网上卖还是在门店卖，实现这一前提，都将成为一个好的商业模式，都可以把门店积极运行起来。

Seven&i 则是尝试把自己公司的便利店作为网购的入口。Zappos 虽然没有门店，但客服中心就相当于虚拟门店，通过电话来应对本身等同于待客服务的价值，或者会产生更多的价值；
Guitar Center 的店员以其亲和力为武器，吸引顾客没事就来店闲
逛，以此来维持良好的关系；北村相机则是让拥有丰富商品知
识的店员来操作平板电脑，提高营业额。

沃比帕克和波诺波斯改变了网店和门店原来的定位。门店
不再是买卖商品的地方，而是被重新定义成传达自身品牌价值、
提供最好服务的场所，采用让顾客在店里确认想要的商品后再
上网订购的模式。这应该会成为重新思考网购自身价值的好
契机。

"网店×门店"，换个说法就是全渠道销售。如何以物流为基
础，再造网店和门店等与顾客接触的新地点、新渠道，将会成
为企业今后的一大课题。

对商城型购物网站的再考察

要想在今后的物流大战中生存下来，需要以上三个关键词。
接下来，我想再次简单考察一下商场型购物网站乐天和雅虎商
城的情况。

我们回顾第 1 章可以得知，商城型购物网站将零售店、网
购公司、厂家直销店等各种行业都聚集到了自己公司的销售平
台上，并由此得到了长足发展。

我还指出，近几年情况不断转变的主要原因在于，商品种类越来越难以形成差异。另外，商城型购物网站与综合型购物网站相比，没有价格优势。并且，对商城型购物网站来说，决定性的因素是在最后一哩的配送上处于劣势。商城型购物网站原本是一个销售平台，而不是物流平台，所以难以实现从物流中心整合商品后的配送。为了改进最后一哩的配送方案，只有像 START TODAY 的 ZOZOTOWN 那样，将商品全部集中到同一个地方。但商城型购物网站与时尚品牌不同，销售的商品从食品、日常杂货到家电，五花八门，很难套用 ZOZOTOWN 的模式。乐天物流已经证明了采用这种模式有多困难。

总体来看，商城型购物网站似乎没有胜算，但我认为并非如此。让我们根据刚才提到的那三个关键词再来思考一下。

就第一个关键词"最后一哩"来说，除了便利店收件外，乐天已经设置了收件专用的储存柜，但增加收件的地点才是正确的做法。最后一哩竞争的主线并不只是在速度上，与快递公司合作，建立能够更加细致地制订配送时间段的体系，或许也是一个很好的做法。选择不同的竞争路线才是上策。

就第二个关键词"独家商品"来看，各家商城型购物网站都已经有很多原创商品了。正因为混合了各种合作企业，才会接连出现让亚马逊惊艳的商品，这一点正是商城型购物网站的优势。如果公司没有传达出这一点，我认为只是传达方式上的问题，所以只要改进一下就可以了。

就第三个关键词"网店×门店"而言，没有门店的乐天实际上对此尝试了很长一段时间。从 2010 年开始，乐天就在全国百货公司会场上举办过物产展——"乐天市场优品大会"，把从乐天市场开网店的商家中精选出的门店聚集起来，与百货公司联手举办物产展。该活动聚集了在乐天市场历经残酷竞争而最终获胜的排名靠前的商家，所以对顾客很有吸引力，也非常受百货公司喜爱。经营"NICONICO 动画"的 DWANGO 公司，也从 2012 年开始，每年在千叶县的幕张展览馆举办大型活动，很受关注。我认为，通过物产展这样的形式，把乐天市场的商家拥有的价值以看得见的形式（实体店）表现出来，是非常好的尝试。

而且，我期待未来的商城型购物网站能为我们带来更多购物的乐趣。

亚马逊网站上的评价，确实会成为顾客买东西时的参考，但被说成可以刺激顾客的消费欲望，却有点不符。点击一下就会送货到家的便利性也确实非常好，但应该也会有人觉得这就像自动售货机一样，无趣可寻。

乐天市场和雅虎商城的各家网店相互竞争，展示各自的商品，努力向顾客传达自己商品的魅力。我认为，看着这些情形，去认识自己想要的商品，其中娱乐活动般的趣味，正是购物最核心的价值。例如，网上应该没有像乐天这样大量销售鳕场蟹和雪花蟹的地方。30 个农场鸡蛋只卖 2000 日元，很多顾客前来抢购，也只有乐天才会出现这样的场景。

我认为，商城型购物网站给人的印象，接近于日本节日摆摊销售时呈现的热闹氛围，这不禁让人感到，其中蕴藏着很多享受购物乐趣的可能性。商城型购物网站可以激活各个商家的个性，使其热闹非凡，所以它今后的发展也值得期待。

后 记

    首先,我想对物流业和互联网产业曾经关照过我的诸位同人表示感谢。

    我越写,眼前就会浮现出越多的与各位同人交流时的情景。在乐天市场诞生一年前的 1996 年,我举办过"网购研讨会"。为此,我咨询过很多人,这是我投身物流的开端。现在回想起来,在 2000 年成立网购专业物流代理公司 e-LogiT 前后,我遇到过很多人,接着通过在美国的调查活动和听证会,以及与物流企业、网购企业和赞助企业等伙伴的会谈、酒会、学习研讨会等,有了很多学习与启发。

    脑海中浮现出太多人的面孔,恕我不一一列举姓名,在此对各位衷心表达谢意。

    在写作过程中,我有一点感触。我们的生活之所以如此便利,是因为在历史上有很多对物流的发展做出过贡献的人。渡来人(古代移民到日本并定居下来的人)和遣唐使或许早已成为历史,但后来还有海援队的坂本龙马和纪伊国屋文左卫门等人。我们也不能忘记战后日本的小仓昌男（大和运输原社长）和佐川清（佐川急便创始人）。如果没有这两位，今天我们或许无法享受到货物装箱后低价实现次日配送的便利服务了。我在此衷心感谢迄今为止对物流发展做出过贡献的各位前辈。

特别是大和运输，它创造了指定时间段配送、高尔夫快递、冷冻快递、国际冷冻快递等前所未有的新服务业态。虽已身为业界巨头，但大和运输仍以支持日本基础建设为傲，带头致力于业界的发展，我对此甚是钦佩。如果能有更多人继承小仓昌男和佐川清的遗志，想必今后也会不断出现更为高端的物流服务。

如书中所述，为了回馈物流业的恩惠，我成立并经营过一个快递研究会，还推出过一款名为"UKETORU"的APP。"UKETORU"能帮助用户追踪快递即将送达的时间点，还能一键解决请求再次配送的问题，非常方便。

我衷心希望通过这项服务，能够完成"消灭无人收件问题"的使命，为风雨无阻默默无闻配送货物的司机减轻负担。物流并不是只靠小仓昌男或佐川清这些明星组成的。现在，九号台风正朝东京刮来，风雨之中，依然有推着手推车、骑着自行车的快递人员，配送货物的快递司机在路上奔波。当然还包括在物流中心工作的很多人。我们必须对这些人表示感谢。如果在刮风下雨、酷暑严寒的时候碰见他们，请一定要向他们说一声

"辛苦了""谢谢"。

我出生在以物流为业的家庭，所以在这个行业里，不知天高地厚地写过书，当着证券分析师的面做过演讲，向海外分析师提供过电话咨询。最近我在写这本书的时候有种命中注定之感，想回馈物流业的恩惠，而且这种想法越来越强烈。

能坚持写完这本书，是因为我一心想告诉大家物流有多重要。也许是因为我的传播，最近在报纸、杂志和网上看到强调物流重要性的机会变多了。这让持续发声的我，喜悦无比。如果您在读过本书后能稍微感受到"能掌控物流就能掌控市场"这句话的含义，身为作者，则没有比这更开心的了。

实际上，在物流上投注心力的企业，已经取得了决赛的资格。前有本书中出现的亚马逊、沃尔玛、友都八喜、爱速客乐和KAKUYASU，后有丰田汽车、7-ELEVEn（日本）、花王、三菱食品、TRUSCO中山、SUNCO INDUSTRIES，不胜枚举，全都是通过物流掌控市场的企业。

参加过我主办的研讨会和到美国参观旅行的很多企业，也同样通过物流得到了发展。大家可以把"投注心力"理解为"花预算在员工教育上"。另外，我经常会接到来自在物流上投注心力的公司的咨询。越是在外界看来相当有水平的企业，我越觉得他们对物流的投入"还不够"，迫切希望这样的企业让我到他们一般不轻易对外公开的物流现场提提意见。

大家的企业怎么样？有没有让专家定期去看过你们的物流中心？有没有让第三方去检验过你们的物流政策？请大家所在的公司也一定试图提高一下自己的物流水平。

　　如果阅读本书的各位读者能从中认识到物流的重要性，对物流心存感激，将是我这个作者的万分荣幸。最后祈祷大家的公司通过物流得到蓬勃发展。谢谢大家。

2016 年 8 月

e-LogiT 股份有限公司董事长

UKETORU 股份有限公司 CEO

SHIPPOP 创始人

角井亮一

照片出处

（访问时间为 2016 年 8 月）

p. 015　Amazon.com "Amazon Prime Air" https://www.amazon.com/b?node=8037720011

p. 037　Valleywag-Sorry to disrupt. -Gawker "Everyone Is Finally Lazy Enough to Justify the Grocery Delivery Boom" http://valleywag.gawker.com/everyone-is-finally-lazy-enough-to-justify-the-grocery-1564689893

p. 074　Open Grid Scheduler/Grid Engine "Walmart Supercentre" https://www.flickr.com/photos/opengridscheduler/23198516929

p. 097　CDA News "Amazon to Open Second Physical Bookstore in San Diego" http://cdanews.com/2016/03/amazon-to-open-second-physical-bookstore-in-san-diego/

p. 116　Fleets and Fuels.com "13 Roush Propane F-59s for Peapod" http://www.fleetsandfuels.com/fuels/propane/2016/05/roush-propane-powered-f-59s-for-peapod/

p. 124　Rs1421 "Yodobashi Akiba" https://commons.wikimedia.org/wiki/File：Yodobashi-Akiba-02.jpg

p. 131　LOHACO by ASKUL "Kirin Beverage Company 'moogy'" "Kao 'Resesh'"

p. 137　START TODAY "ZOZOTOWN" http://zozo.jp/

p. 140　LOCONDO "LOCOND" http://www.locondo.jp/

p. 146　BrianReading "A Guitar Centre retail store in Houston" http://en.wikipedia.org/wiki/Guitar_ Center

p. 151　PopUpShopsMyCity "The Standard Hotel, Warby Parker Readery Pops Up in New York City's East Village" https://popupshopsmycity. wordpress. com/2012/07/18/the－standard－hotel－warby－parker－readery－pops－up－in－new－york－citys－east－village-2/

p. 153　Retail Week "Retail Week Live 2013：A glimpse of the future" https://www.retail-week.com/retail-week-live-2013-a-glimpse-of-the-future/5046698.fullarticle

　　※其余照片为作者本人提供

"服务的细节" 系列

《卖得好的陈列》：日本"卖场设计第一人"永岛幸夫

定价：26.00 元

《为何顾客会在店里生气》：家电卖场销售人员必读

定价：26.00 元

《完全餐饮店》：一本旨在长期适用的餐饮店经营实务书

定价：32.00 元

《完全商品陈列 115 例》：畅销的陈列就是将消费心理可视化

定价：30.00 元

《让顾客爱上店铺 1——东急手创馆》：零售业的非一般热销秘诀

定价：29.00 元

《如何让顾客的不满产生利润》：重印 25 次之多的服务学经典著作

定价：29.00 元

《新川服务圣经——餐饮店员工必学的 52 条待客之道》：日本"服务之神"新川义弘亲授服务论

定价：23.00 元

《让顾客爱上店铺 2——三宅一生》：日本最著名奢侈品品牌、时尚设计与商业活动完美平衡的典范

定价：28.00 元

《摸过顾客的脚才能卖对鞋》：你所不知道的服务技巧，鞋子卖场销售的第一本书
定价：22.00 元

《繁荣店的问卷调查术》：成就服务业旺铺的问卷调查术
定价：26.00 元

《菜鸟餐饮店 30 天繁荣记》：帮助无数经营不善的店铺起死回生的日本餐饮第一顾问
定价：28.00 元

《最勾引顾客的招牌》：成功的招牌是最好的营销，好招牌分分钟替你召顾客！
定价：36.00 元

《会切西红柿，就能做餐饮》：没有比餐饮更好做的卖卖！ 饭店经营的"用户体验学"。
定价：28.00 元

《制造型零售业——7-ELEVEn 的服务升级》：看日本人如何将美国人经营破产的便利店打造为全球连锁便利店 NO.1！
定价：38.00 元

《店铺防盗》：7大步骤消灭外盗，11种方法杜绝内盗，最强大店铺防盗书！
定价：28.00元

《中小企业自媒体集客术》：教你玩转拉动型销售的7大自媒体集客工具，让顾客主动找上门！
定价：36.00元

《敢挑选顾客的店铺才能赚钱》：日本店铺招牌设计第一人亲授打造各行业旺铺的真实成功案例
定价：32.00元

《餐饮店投诉应对术》：日本23家顶级餐饮集团投诉应对标准手册，迄今为止最全面最权威最专业的餐饮业投诉应对书。
定价：28.00元

《大数据时代的社区小店》：大数据的小店实践先驱者、海尔电器的日本教练传授小店经营的数据之道
定价：28.00元

《线下体验店》：日本"体验式销售法"第一人教你如何赋予O2O最完美的着地！
定价：32.00元

《医患纠纷解决术》：日本医疗服务第一指导书，医院管理层、医疗一线人员必读书！ 医护专业入职必备！
定价：38.00 元

《迪士尼店长心法》：让迪士尼主题乐园里的餐饮店、零售店、酒店的服务成为公认第一的，不是硬件设施，而是店长的思维方式。
定价：28.00 元

《女装经营圣经》：上市一周就登上日本亚马逊畅销榜的女装成功经营学，中文版本终于面世！
定价：36.00 元

《医师接诊艺术》：2 秒速读患者表情，快速建立新赖关系！ 日本国宝级医生日野原重明先生重磅推荐！
定价：36.00 元

《超人气餐饮店促销大全》：图解型最完全实战型促销书，200 个历经检验的餐饮店促销成功案例，全方位深挖能让顾客进店的每一个突破点！
定价：46.80 元

《服务的初心》：服务的对象十人百样，服务的方式千变万化，唯有，初心不改！
定价：39.80 元

《最强导购成交术》：解决导购员最头疼的 55 个问题，快速提升成交率！
定价：36.00 元

《帝国酒店——恰到好处的服务》：日本第一国宾馆的 5 秒钟魅力神话，据说每一位客人都想再来一次！
定价：33.00 元

《餐饮店长如何带队伍》：解决餐饮店长头疼的问题——员工力！ 让团队帮你去赚钱！
定价：36.00 元

《漫画餐饮店经营》：老板、店长、厨师必须直面的 25 个营业额下降、顾客流失的场景
定价：36.00 元

《店铺服务体验师报告》：揭发你习以为常的待客漏洞　深挖你见怪不怪的服务死角　50 个客户极致体验法则
定价：38.00 元

《餐饮店超低风险运营策略》：致餐饮业有志创业者＆计划扩大规模的经营者＆与低迷经营苦战的管理者的最强支援书
定价：42.00 元

《零售现场力》：全世界销售额第一名的三越伊势丹董事长经营思想之集大成，不仅仅是零售业，对整个服务业来说，现场力都是第一要素。
定价：38.00 元

《别人家的店为什么卖得好》：畅销商品、人气旺铺的销售秘密到底在哪里？ 到底应该怎么学？ 人人都能玩得转的超简明 MBA
定价：38.00 元

《顶级销售员做单训练》：世界超级销售员亲述做单心得，亲手培养出数千名优秀销售员！ 日文原版自出版后每月加印 3 次，销售人员做单必备。
定价：38.00 元

《店长手绘 POP 引流术》：专治"顾客门前走，就是不进门"，让你顾客盈门、营业额不断上涨的 POP 引流术！
定价：39.80 元

《不懂大数据，怎么做餐饮？》：餐饮店倒闭的最大原因就是"讨厌数据的糊涂账"经营模式。
定价：38.00 元

《零售店长就该这么干》：电商时代的实体店长自我变革。
定价：38.00 元

《生鲜超市工作手册蔬果篇》：海量图解日本生鲜超市先进管理技能

定价：38.00 元

《生鲜超市工作手册肉禽篇》：海量图解日本生鲜超市先进管理技能

定价：38.00 元

《生鲜超市工作手册水产篇》：海量图解日本生鲜超市先进管理技能

定价：38.00 元

《生鲜超市工作手册日配篇》：海量图解日本生鲜超市先进管理技能

定价：38.00 元

《生鲜超市工作手册副食调料篇》：海量图解日本生鲜超市先进管理技能

定价：48.00 元

《生鲜超市工作手册 POP 篇》：海量图解日本生鲜超市先进管理技能

定价：38.00 元

《日本新干线 7 分钟清扫奇迹》：我们的商品不是清扫，而是"旅途的回忆"

定价：39.80 元

《像顾客一样思考》：不懂你，又怎样搞定你?

定价：38.00 元

《好服务是设计出来的》：设计，是对服务的思考
定价：38.00 元

《让头回客成为回头客》：回头客才是企业持续盈利的基石
定价：38.00 元

《餐饮连锁这样做》：日本餐饮连锁店经营指导第一人
定价：39.00 元

《养老院长的 12 堂管理辅导课》：90%的养老院长管理烦恼在这里都能找到答案
定价：39.80 元

《大数据时代的医疗革命》：不放过每一个数据，不轻视每一个偶然
定价：38.00 元

《如何战胜竞争店》：在众多同类型店铺中脱颖而出
定价：38.00 元

《这样打造一流卖场》：能让顾客快乐购物的才是一流卖场
定价：38.00 元

《店长促销烦恼急救箱》：经营者、店长、店员都必读的"经营学问书"
定价：38.00 元

《餐饮店爆品打造与集客法则》：迅速提高营业额的"五感菜品"与"集客步骤"
定价：58.00 元

《赚钱美发店的经营学问》：一本书全方位掌握一流美发店经营知识
定价：52.00 元

《新零售全渠道战略》：让顾客认识到"这家店真好，可以随时随地下单、取货"
定价：48.00 元

《良医有道：成为好医生的 100 个指路牌》：做医生，走经由"救治和帮助别人而使自己圆满"的道路
定价：58.00 元

《口腔诊所经营 88 法则》：引领数百家口腔诊所走向成功的日本口腔经营之神的策略
定价：45.00 元

《来自 2 万名店长的餐饮投诉应对术》：如何搞定世界上最挑剔的顾客
定价：48.00 元

《超市经营数据分析、管理指南》：来自日本的超市精细化管理实操读本
定价：60.00 元

《超市管理者现场工作指南》：来自日本的超市精细化管理实操读本
定价：60.00 元

《超市投诉现场应对指南》：来自日本的超市精细化管理实操读本
定价：60.00元

《超市现场陈列与展示指南》
定价：60.00元

《向日本超市店长学习合法经营之道》
定价：78.00元

《让食品网店销售额增加10倍的技巧》
定价：68.00元

《让顾客不请自来！卖场打造84法则》
定价：68.00元

《有趣就畅销！商品陈列99法则》
定价：68.00元

《成为区域旺店第一步——竞争店调查》
定价：68.00元

《餐饮店如何打造获利菜单》
定价：68.00元

《日本家具 & 家居零售巨头 NITORI 的成功五原则》
定价： 58.00 元

《咖啡店卖的并不是咖啡》
定价： 68.00 元

《革新餐饮业态： 胡椒厨房创始人的突破之道》
定价： 58.00 元

《餐饮店简单改换门面， 就能增加新顾客》
定价： 68.00 元

《让 POP 会讲故事， 商品就能卖得好》
定价： 68.00 元

《经营自有品牌： 来自欧美市场的实践与调查》
定价： 78.00 元

《卖场数据化经营》
定价： 58.00 元

《超市店长工作术》
定价：58.00 元

《习惯购买的力量》
定价： 68.00 元

《7-ELEVEn 的订货力》
定价： 58.00 元

《与零售巨头亚马逊共生》
定价： 58.00 元

《下一代零售连锁的 7 个经营思路》
定价： 68.00 元

《唤起感动： 丽思卡尔顿酒店 "不可思议" 的服务》
定价： 58.00 元

更多本系列精品图书，敬请期待！

图字：01-2018-3451 号

AMAZON TO BUTSURYU DAISENSO by Ryoichi Kakui Copyright © Ryoichi Kakui 2016
All rights reserved.
Original Japanese edition published by NHK Publishing, Inc.
This Simplified Chinese language edition published by arrangement with NHK Publishing, Inc.,
Tokyo in care of Tuttle-Mori Agency, Inc., Tokyo
through Beijing Hanhe Culture Communications Co., Ltd., Beijing.

中文简体字版专有权属东方出版社

图书在版编目（CIP）数据

与零售巨头亚马逊共生 /（日）角井亮一 著；张永亮，陶小军 译. —北京：东方出版社，
2019.1
（服务的细节；081）
ISBN 978-7-5207-0682-7

Ⅰ.①与… Ⅱ.①角… ②张… ③陶… Ⅲ.①电子商务—商业企业管理—经验—美国
Ⅳ.①F737.124.6

中国版本图书馆 CIP 数据核字（2018）第 279167 号

服务的细节 081：与零售巨头亚马逊共生
（FUWU DE XIJIE 081：YU LINGSHOU JUTOU YAMAXUN GONGSHENG）
- -
作　　者：[日] 角井亮一
译　　者：张永亮　陶小军
责任编辑：崔雁行　高琛倩
出　　版：东方出版社
发　　行：人民东方出版传媒有限公司
地　　址：北京市东城区东四十条 113 号
邮　　编：100007
印　　刷：三河市中晟雅豪印务有限公司
版　　次：2019 年 2 月第 1 版
印　　次：2019 年 2 月第 1 次印刷
开　　本：880 毫米×1230 毫米　1/32
印　　张：5.875
字　　数：98 千字
书　　号：ISBN 978-7-5207-0682-7
定　　价：58.00 元
发行电话：(010) 85924663　85924644　85924641
- -
版权所有，违者必究
如有印装质量问题，我社负责调换，请拨打电话：(010) 85924602　85924603